40 Jahre
edition suhrkamp
es 2428

[illegible]
7. 10. 2003
Bad Homburg

Die deutsch-deutsche Vereinigung ist für Thomas Rosenlöcher, den Dichter aus Dresden, unter den Weltproblemen eines der heitersten: Anlaß zu *Ostgezeter*, in Aufsätzen wie »Sächsisch als Verliererspra-che«, »Das Leuchtbild der Banane« oder »Der Nickmechanismus«. An seine literarischen Geschichtschroniken *Die verkauften Pflastersteine* (edition suhrkamp 1635) und *Die Wiederentdeckung des Gehens beim Wandern* (edition suhrkamp 1685) anknüpfend, erzählt Thomas Rosenlöcher in Aufzeichnungen vom Übergang: von Ost nach West. Er pocht mit Polemik und Witz auf die Unterschiede. Gegen allen Vereinheitlichungszwang ist ihm die regionale Vielstimmigkeit noch das Beste im Einheitsdeutschland. In seinen Ortsbeschreibungen erkundet er, inwieweit der Osten noch Osten oder schon längs Westen ist.
»Bald werden wir es schwer haben, einander die DDR zu erklären« – ein fortgesetzter Erklärungsversuch, fröhlich und auf verlorenem Posten.
Thomas Rosenlöcher, geboren 1947, lebt in Dresden. Außer den genannten Büchern liegen im Suhrkamp Verlag zwei Gedichtbände vor: *Die Dresdner Kunstausübung* (1996) und *Ich sitze in Sachsen und schau in den Schnee* (1998).

Foto: Hans Ludwig Böhme

Thomas Rosenlöcher
Ostgezeter
Beiträge zur Schimpfkultur

Suhrkamp

edition suhrkamp 2428
Sonderausgabe zum 40jährigen Bestehen der edition suhrkamp 2003

In der edition suhrkamp erstmals erschienen 1997 als Band 2023

Satz: Jung Crossmedia, Lahnau
Druck: Nomos Verlagsgesellschaft, Baden-Baden
Umschlag gestaltet von Werner Zegarzewski
nach einem Konzept von Willy Fleckhaus
Printed in Germany
ISBN 3-518-12428-5

1 2 3 4 5 6 – 06 05 04 03

Inhalt

I. Kannitverstaan

II. Dampfschiffnudeln

III. Nickmechanismus

IV. Schimpfprobe

V. Ein Nachtrag zur Schimpfkultur

I.

Kannitverstaan

Sächsisch als Verlierersprache

Meine Landessprache ist sächsisch. Sächsisch durften wir schon als Kinder nicht reden. »Sprich anständig, Domas«, sagte die Mutter, die auch sächsisch sprach. »Sprich ordentlich, Domas«, sagte der Lehrer, der auch sächsisch sprach. Selbst der Versuch, irgendwie berühmt, das heißt Schauspieler zu werden, scheiterte an der Landessprache. Denn während ich mich auf der Bühne um eine möglichst lebensechte Darstellung von Hänsel und Gretel bemühte, schlug der Regisseur die Hände vors Gesicht: »Mann, spricht der säuisch!« Die Bühne betrat ich nie mehr.

»Sächsisch sei kein Dialekt, sondern eine Maulfaulheit«, sagte der sächsisch sprechende Lehrer.

Wo gibt es das sonst im vielsprachigen Deutschland? Selbst wenn Schwäbisch, Bayrisch oder Platt als Zeichen für die Beschränktheit des jeweiligen Sprechers genommen wird, gilt es doch wenigstens dem jeweiligen Sprecher als Ausdruck seines Stolzes und seines Beharrungsvermögens. Allein die Sachsen schämen sich vor sich selber, wenn sie den Mund aufmachen. Allein sie verbieten sich ihren Dialekt von vornherein: »Das heißt nicht heeßt, das heeßt heißt.«

Welche Deformationen mag dieses fortwährende: »Sprich ordentlich, Domas!« in einem Menschen bewirken? Dieses ständige Klopfen auf den Schnabel, der ihm gewachsen ist? Solange, bis ihm der Schnabel selbst im Wege ist? Bis er verstummt oder anfängt, mit frisierter Schnauze zu sprechen?

Haben wir hier eine Ursache für die oft konstatierte, in Residenzdresden stärker als in Messeleipzig ausgeprägte sächsische Unterwürfigkeit? Sollte die Beurteilung einer Sprache oder eines Dialekts womöglich schwankend sein? So daß sich die scheinbar objektive Klangfärbung mit den Zeiten ändert? In Abhängigkeit vom jeweiligen Gebrauchswert des Idioms und dem historischen Gewicht der Völkerschaften und Völkchen, ihrem geschichtlichen Daherkommen und den wechselnden wirtschaftlichen Verhältnissen? Immerhin galt die sogenannte »Meißnische Kanzleisprache« zur Zeit der großen Silberfunde so ziemlich als das Höchste. Und noch dem Frankfurter Goethe soll das Leipzigerisch recht vorbildlich in den Ohren geklungen haben. Einigermaßen hatten sich die Sachsen ja immer wieder aufgerappelt. So nach dem Dreißigjährigen Krieg, in dem sie, um auch einmal zu siegen, hin und wieder die Fronten wechselten und auf diese Weise stets auf der Seite der Verlierer standen. So nach den Schlesischen Kriegen, da sich das Sammeln von Bildern wenigstens zeitweise als ungünstiger erwies als das Sammeln von Soldaten. – Dann aber kamen die Napoleonischen Kriege, als dieses Unglückshuhn von einem sächsischen König unter seinem Federhut dem Napoleon selbst dann noch nachlief, als sogar die Preußen die Wende vollzogen hatten und Freiheitskrieger geworden waren.

Von nun an fand die Sachsen so gut wie jeder komisch. Keine Nachrichten mehr über den Wohlklang ihrer Sprache. »Die Sprache dieser Leute beleidigt mein Ohr«, schreibt Grillparzer in sein Tagebuch. »Drääsden. Gestern abends hier angekommen ... Diese quäkenden Frösche mit ihrer äußeren Höflichkeit und inneren Grobheit ...«

Aber bitte, Herr Grillparzer, waren diese, zugegeben grob und dumpf erscheinenden Laute nicht auch der Nachhall fortwährender Demütigungen und Niederlagen? War dieses Quäken aus der Tiefe nicht auch der Widerhall der vorsätzlichen grillparzerischen Verachtung? Mußten die Sachsen nicht längst so sprechen, weil sie längst Die Sachsen waren und einer immer den August machen muß? – Sächsisch als Verlierersprache. Trotz Old Shatterhand. Und noch längst hatten die Niederlagen kein Ende. Wer aber hatte am Ende das Bußgeld für den Zweiten Weltkrieg zu zahlen? Wer saß, nach dem Bau der Mauer, Kopf an Kopf mit den Preußen, hinter der Mauer, während die Schwaben und Bayern wie selbstverständlich davor saßen und bald schon dreinschauten, als hätten sie das auch verdient? Freilich, die Mauer ist Eigenbau gewesen. Ausgerechnet der spitzbärtige Landesvater hatte sich des sächsischen Tonfalls bedient. Sächsisch als Ulbrichtsprache. Sächsisch als – »off de Bardei is Verlaß« – Sprache der Arbeiterverräter. Old Shatterhand war Funktionär geworden.

Meine Damen und Herren. Wo sächsisch gesprochen wird, macht, kurz gesagt, immer einer den Dummen. Sie »dehnen«, schimpft Grillparzer, »jede Silbe, verlängern jedes Wort, hängen überall ein Lieblings-E an, so daß ihre Sprache ein förmliches Mäh, Mäh von Schafen wird ...« – Aber hat das Sächsische, Herr Grillparzer, nicht, gerade als Verlierersprache, auch seine eigene Würde? Kann uns nicht selbst das Mäh, Mäh von Schafen etwas sagen, wenn sich dahinter ein vollständiger Mensch verbirgt? – Ist ein langgedehntes »Määnsch du, das haut wieder rein?« nicht ebenfalls Ausdruck von Tapferkeit? Bringt es in seiner Drastik nicht die Wirklichkeit am ehesten zum Leuchten? Zu schweigen davon, daß sich hinter den armseligen »Ouhhs« der Sachsen die List dessen verbirgt, der trotzdem weiß, was er wert ist? Bieten, Herr Grillparzer, nicht die langgedehnten, mulmigen Vokale, innerhalb ihres Mulmens, Momente von Geborgenheit? Ist Lächerlichkeit nicht eine Form der Anmut?

Grillparzer schweigt. Er ist überfragt. – Fragen wir ohne ihn weiter: Darf unsereins nicht gerade im Okay-Zeitalter wenigstens andeutungsweise die Sprache der Verlierer sprechen?

Freilich, meine Damen und Herren. Ein einziges Mal in der sächsischen Kummergeschichte ist Sächsisch nicht die Sprache der Verlierer gewesen. Sie erinnern sich: »Wir sind das Volk« war vor allem auf sächsisch gerufen worden.

Unterdessen aber haben die Sachsen wieder zu verlieren begonnen, der eine das Haus, in dem er wohnt, der andere seinen Arbeitsplatz, der dritte seinen Mut.

Da scheint das Sächsisch schon wieder ein wenig dumpfer zu klingen. Andererseits hieß es plötzlich in einer Dresdner Zeitungsannonce:

Sächsischer Dialekt in der freien
Marktwirtschaft? Undenkbar!
Nehmen Sie Sprechunterricht.

So wird der Gewinn für manchen doch überwiegen, und sei es die weite Welt. – Der, trotz meiner Bemühungen, sicherlich auch noch jetzt hörbare leicht sächsische Tonfall, die Sprachmelodie der Verlierer, wird sich ohnehin immer wieder zwischen die Worte schleichen und, wenn möglich, das immerwährend Komische mit der Würde des Vorhandenseins verbinden. Ein Beharrungsvermögen, das, wenn es »Ich komme gleich« sagt, meint, daß es nie käme. Eine plebejische Drastik, gerichtet gegen die Diktatur des Abstrakten. – Kürzlich fragte mich, als ich zur Elbfähre hinunterging, einer der dortigen, an das Kneipengeländer gelehnten Trinker:

»Nuu, Rosenlöcher. Dichdest de wieder?«

»Ach was. Spazieren gehe ich.«

»Klar dusde dichdn: ›De Vöchel singen im Gezweich‹.«

Indem ich sah, daß ich fortkam, mußte ich zugeben, daß mein Gesamtwerk noch nie so treffend charakterisiert worden war.

Kannitverstaans Wiederkehr

Bekanntlich kam vor vielen, vielen Jahren, als der Mensch noch ein Fußwesen war, ein Handwerksbursche von Tuttlingen nach Amsterdam. Staunend verharrte er vor einem Haus, wie er es auf seinem ganzen Weg nicht gesehen hatte. So hoch hinaus die Giebel, so zierlich die Gesimse und die stattlichen Fenster mit Tulipan, Levkoje, Sternblume geschmückt. »Wem gehört dieses Haus?« fragte er. Die Antwort hieß »Kannitverstaan«. »Donnerwetter«, dachte der Johann-Peter-Hebelsche-Bursche: »Das muß ein grundreicher Mann sein, der Herr Kannitverstaan.« – »Kannitverstaan« ist holländisch und heißt auf sächsisch »Hä«. »Der hiesige Herr Hä ist aber auch nicht der Ärmste«, hätte der Handwerksbursche gedacht, wenn er anstatt nach Amsterdam nach Dresden gekommen wäre. Denn wenn auch das Haus von Herrn Hä alias Kannitverstaan keine Sternblumen, Levkojen, Tulipane schmückten, so war es doch deshalb nicht weniger stattlich und reichlich mit Türmen und Türmchen bestückt, und auf den Balustraden standen die feingemeißelten Engel herum. Aber die Zeit vergeht. Und wäre der Bursche neulich gekommen, hätte er erst recht Grund zum Staunen gehabt und fassungsloser denn je vor jenem Haus gestanden: »Wem gehört denn die Bruchbude hier?« »Nu«, hätte unsereins gesagt, weil doch für unsereinen selbst ein Handwerksbursche, der von drüben kam, etwas Höheres darstellte und unmöglich mit einem einfachen Hä abgespeist werden konnte – »nu«, hätte unsereins gesagt, »der Wohnungsverwaltung natürlich.« »Donnerwetter«, hätte da der Tuttlinger gerufen: »Da muß der Herr Wohnungsveraltung aber Zaster haben, wenn er ein solches Haus einfach verrotten läßt.« Und wieder hätten wir genickt, so wie wir immer nickten, wenn einer aus Deutschland kam. Unmöglich, ihm zu erklären, was nun, da die Vergangenheit plötzlich noch viel schlimmer war, erst recht nicht mehr erklärbar ist: Daß dieses Haus mit seinen herabgesunkenen Türmen und kopflosen Engelein eigentlich allen und keinem gehörte; gerade, wo dieser Sozialismus einmal andeutungsweise sozialistisch war, ist er erst recht gescheitert. »Der Mensch ist egoistisch«, sagen die Egoisten und haben sicher recht mit dieser für sie so bekömmlichen Meinung. – Ach, hat denn der Herr Kannitverstaan in seinem Zentralorgan, der Frankfurter Allgemeinen, den sogenannten Sozialismus tatsächlich nur um der Gerechtigkeit willen so hartnäckig verfolgt? Oder war es nicht auch die Furcht, daß er eines Tages einlösen könnte, was er fortwährend versprach? Hat da der Herr Kannitverstaan insgeheim etwa auch an den Sozialismus geglaubt? Daher dieses Erleichterungsseufzen? Angesichts der epochalen Entdeckung, daß Utopien irreal sind? – Doch nun ist es an unsereinem, vor diesem und jenem Haus verwundert stehenzubleiben. So wie etwa ich schon nach ein paar Monaten Abwesenheit von Dresden allenthalben nachfragen mußte, was jetzt wohl wem gehöre. Wenn es mir nicht die Leuchtreklamen schon gleich selber sagten, deren Namen sich auffällig oft zu wiederholen begannen. – »Hä?« fragte ich verblüfft, als mir das Thurn und Taxis in den Ohren widerhallte. – Freilich: Vierzig Jahre lang hatten diese Leute den Sozialismus aushalten müssen und nun endlich auch einmal eine Belohnung verdient. – Und als ich in der Tieckstraße Silvester feierte, blieb dort in den Häusern schon manches Fenster dunkel, und ein Einwohner warf mit Raketen um sich, um auch im neuen Jahr für die richtige Stimmung zu sorgen. – Das macht die Schwierigkeit allen Nachdenkens über die Gegenwart aus. Daß die neuen Möglichkeiten, noch eben erst kaum erträumt, mit neuem Zwang einhergehen. Daß selbst das schöne Geld, das uns so unabhängig macht, vom Geld abhängig macht. Daß es vielen besser geht und damit auch schon schlechter. Daß manch einer nach Deutschland wollte, aber nun sitzt er im Beitrittsgebiet. Ja, endlich wird das Haus erhalten, das sonst zusammengefallen wäre. Nur schade, daß wir ausziehen müssen. – Aber dafür ziehen andere ein, womöglich viel nettere Leute; Ärzte, Rechtsanwälte, vollständige Steuerberater, die das hier bezahlen können und auch von der Steuer absetzen. Nein, so schlimm ist dieser Kapitalismus nun wieder auch nicht, obwohl unsere Lehrer vor ihm schon in der Schule warnten, nun aber teils wieder das Gegenteil sagen. »Wissen Sie«, wird wohl demnächst ein Herr aus Tuttlingen zu uns sagen, im Auftrag der bekannten Immobilienfirma Kannitverstaan & Co. – »wissen Sie«, wird er sagen, »einen Rechtsanwalt sparen wir uns, der kostet nur unnötig Geld. Und selbstverständlich werden wir Ihnen eine andere Wohnung besorgen.« »Danke«, werden wir sagen und nikken, wie wir immer nicken, wenn jemand aus Deutschland kommt. So wie wir überhaupt entsetzlich nickensfähig sind. Und nun das Vergnügen haben, gelegentlich in der Zeitung zu lesen, daß wir hier alle krank sind, völlig deformiert. Wer da nicht murren wollte. Jedenfalls schien es mir so, als hätte ich unsereinen wieder mal murren gehört. So wie wir doch immerhin murrten, vierzig Jahre lang. Und bei aller Nickensbereitschaft heimlich auch dagegen waren. Doch unsere Westverwandten größtenteils dafür. Und sind sie doch einmal dagegen gewesen, haben sie das auch von der Steuer absetzen können. Das scheint mir der Hauptunterschied zwischen ihnen und uns, daß wir in dem mehr Übung haben, zu dem wir auch mehr Ursache hatten: Im Unzufriedensein. So daß mir die hiesige, wenn auch vielfach gebrochene Renitenz noch als das Beste vorkommt, das wir aus diesem Staatssicherheitsstaat davongetragen haben. Denn Einverständnis ist unmoralisch in einer unmoralischen Welt. »Es gibt keinen dritten Weg«, spricht der Herr Kannitverstaan und hat gewiß recht mit dieser für ihn so bekömmlichen Meinung. »Es gibt keinen dritten Weg«, wiederholt er wieder und wieder und möchte damit wohl sagen, daß es nur einen Weg gibt. Nur einen einzigen Weg, wem das nicht bekannt vorkommt! Doch wenn nun dieser eine Weg auch wieder nur eine Sackgasse ist? Die Herrschaft Herrn Kannitverstaans als Endpunkt der Weltgeschichte? Nein, das verstehe ich nicht. – Das Scheitern des Gleichheitsgedankens schließt weitergehende Mitwirkung nicht aus. Der Untergang der Utopie nicht überschreitendes Handeln. Ein flüchtiger Blick aus dem Fenster, egal ob in Amsterdam, Dresden oder Tuttlingen – auf einen hier und da womöglich noch vorhandenen Baum –, genügt schon, um wieder zu wissen, wem die Erde gehört: Eigentlich allen und keinem. Und Herrn Kannitverstaan höchstens jenes schwarze Loch, in das man seine Leiche zur großen Verwunderung des Tuttlinger Handwerksburschen am Schluß der Geschichte versenkt.

Die Heimat hat sich schön gemacht

»Haben Sie eine DDR-Identität?«

»Ich war bei den Jungpionieren.«

»Wie bitte?«

»Nichts«, sagte ich.

Allein die Art der Erinnerungen bewirkte Gedächtnisschwund. Und der plötzliche Zeitenwechsel kam einer Hirnwäsche gleich. Denn alles war anders geworden, vom Wetter abgesehen. Und auch das Wetter war anders, wenn alles anders war und es die Scheibenwischer auf den Autobahnen nur noch beiseitewischten. – Rasch hatte die neue Käsevielfalt den Einheitskäsegeschmack unauffindbar gemacht. Und das neue Toilettenpapier schon nach wenigen Metern den Schmirgelcharakter der Vorgängerrolle aus dem Gedächtnis geräumt. Ohne Dank übrigens, weil auch zur Dankbarkeit Erinnerung gehört.

Nicht, daß hier, was hart macht, gelobt werden soll. Doch wenigstens in einer Hinsicht ist dieser Staat einmalig gewesen: Durch die Lautlosigkeit, mit der er verschwand. – Doch ist mit diesem Staat wirklich nur ein Staat untergegangen und nicht auch ein wenig von uns? Die Art, über die Straße zu gehen mit einem gewissen Nachschlampern im Schritt? Die Methode, Fahrrad zu fahren, als wäre, Taschengeschlenker am Lenker, die Konsumkaufhalle gar nicht das Ziel: Aufrecht, halb zurückgelehnt, bei jedem Pedalentritt rechts links auswärtsspähend, was da wohl vorrätig wäre? Um ernstlich abzusteigen, wenn ein Bekannter kam. Sollte, wie jetzt die Vordenker meinen, ein solches Fahrradverhalten tatsächlich allein dem Druck der Diktatur geschuldet gewesen sein? Wie habe ich mich denn verändert in den letzten Jahren? Bin ich wirklich schon freiheitlicher geworden? Oder nur neonbehauchter im Inneren meines Jacketts? Stringenter im Gesichtsausdruck? Windschutzscheibengeeigneter? – Strikter Fahrrad fahre ich schon, wenn ich noch Fahrrad fahre. Und Absteigen erübrigt sich, insofern kaum ein Bekannter mehr kommt. Und auch die anderen längst Auto fahren, so daß eine Kontaktaufnahme vermittels Verkehrsunfall noch die wahrscheinlichste ist.

Wie mögen wir erst aussehen, wenn wir uns einmal in zehn, fünfzehn Jahren auf einem Vorwendephoto betrachten? Werden die Ohren nicht durchscheinend sein vom Mangel an Blattsalat? Und die Gesichter kellerartig vom vielen Kohlenholen? Und sonderbar flackrig der Blick vom Warten auf die Straßenbahn? Verloren, als wäre der Terminkalender soeben abhanden gekommen? Falls es damals Terminkalender schon gab; wer wird das dann noch wissen. – Etwas Fünfzigerjahrehaftes werden wir haben. Etwas von Kurz-nach-dem-Krieg. Und unsere Enkel werden allmählich Honecker mit Hitler verwechseln. Und Hammer, Zirkel, Ehrenkranz für eine Art Hakenkreuz halten. – Nein, mit der DDR ist nicht nur die DDR untergegangen, sondern auch eine produktionsverhindernde Produktionsmethoden unfreiwillig zementierte Zeit, die vor allem die Eigenschaft hatte, reichlich vorhanden zu sein. – Auch als gestern heute war, sind wir ein wenig von Gestern gewesen; ein Umstand, für den wir uns ausnahmsweise einmal nicht schämen sollten. Der altmodische Mensch kann durchaus der modernere sein, insofern er den Verhältnissen angemessener lebt. Auch ein Gedanke, dessen Vergeblichkeit garantiert werden kann.

Da wir ein Stück Leben gewannen, ist uns ein Stück Leben verlorengegangen. Das ist der Lauf der Welt. Nur daß es in unserem Fall gar zu plötzlich und gründlich geschah. So daß es von heute auf morgen unmöglich wurde, noch eine Suppe von gestern zu kochen. Weil uns die Zutaten fehlten, mitten im Überfluß. Die spezifische Ostfadennudel. Und keiner mehr sagen konnte, wie sie noch gestern schmeckte. Wodurch sie sich eigentlich von ihrer Westkollegin unterschied.

Versunken am Grund einer Ostnudelsuppe ist unsere Identität.

Muffig hat sie geschmeckt, meinte mancher Westkollege. Als hätte sie unsereins nicht auch zu würzen gewußt. Und sei es nur, indem er mit einem gewissen Humor auf die Fettaugen blickte. – Muffig hat sie geschmeckt, meinte mancher Ostkollege. Und während ich noch nachdachte, wie sie wirklich geschmeckt haben mochte, kam ihr Name Muffig schon im Fernsehen vor. Und erst allmählich merkte ich, Muffig meinte auch mich. Denn welche Suppe färbt nicht auf den Esser ab? Und während der Westkollege schon in den fünfziger Jahren gut roch, schleppte unsereins seinen Kellergeruch mit in das neue Deutschland hinüber. Ja, vielleicht hängt mir der Kellergeruch unmerklich selbst heute noch an, trotz der Verwendung von Frischhaltebeuteln. So daß mich auf diese Weise doch noch ein Rest jener Identität umweht, die mir offziell immer abgesprochen wird. Ach besser, muffig im Kollektiv, als vierzig Jahre lang gar nicht vorhanden gewesen zu sein. In der Gemeinschaftsküche. In der wir die Suppe auslöffeln mußten, ob sie nun schmeckte oder auch nicht. Und die noch lange zu reichen schien, weit in das neue Jahrtausend hinein: Eine Art Ewigkeitssuppe. So daß wir uns abermals über sie beugten, im sozialistischen Löffelprozeß. Mit zunehmendem Magengeknurr. Falls einer nicht gleich den Löffel abgab und in den Westen ging. Worauf die verbliebenen Mägen noch etwas lauter knurrten: Ein unterirdisches Landesgegrummel, das jene ganz andere, uns einst versprochene Suppe beschwor und uns auf die Köche fixierte, die uns diese Suppe eingebrockt hatten.

Versunken am Grund unsres Magengeknurrs ist unsere Identität.

Weniger künstlerisch ausgedrückt: Indem das Zwangssystem vorgab, sich der Utopie zu nähern, setzte es Kräfte frei, die diese Utopie einklagten, *und* band sie durch sie an sich; war sowohl Gegner als auch Adressat. Machte hier sehend, dort blind, in einem aufmüpfig und anpassungsfähig. Noch der Ruf: »Wir sind das Volk«, meinte, daß jetzt die Volksherrschaft käme, die es angeblich schon gab. Der »Geist der Unruh« war in die Köpfe gefahren. Das unheimliche Gespenst, von dem das kommunistische Manifest sprach, hatte sich zu Leipzig persönlich zusammengerottet. Daher die Verblüffung der Macht. Weil plötzlich wirklich kam, worauf sie sich dauernd berief, so daß sie es selber herbeizitiert hatte. Nicht proletarisch-knochenhaft kam es, doch immerhin nach Gespensterart mit lauter Kerzen bestückt. »Keine Gewalt«, sagte es und schaute drein, als ob Weihnachten wäre. So daß es gar nicht so einfach zu erschießen war. – »An die Laternen hätten wir sie hängen sollen«, sagte mancher Ostkollege, weil schwer zu ertragen ist, wie die alten Funktionäre auf einmal auch keine Schuld mehr haben. »An die Laternen hättet ihr sie hängen sollen«, sagte mancher Westkollege, weil schwer möglich sein konnte, daß wir hier auch einmal etwas zustande gebracht haben sollten: Einzig durch das Umhergehn mit Kerzen – und das nach Feierabend. Doch wann hätten die Richtigen jemals an den Laternen gehangen? – Offenbar widersprach es der neueren Brachialdenkweise, daß Gewaltlosigkeit unter Zuhilfenahme einiger glücklicher Zusatzumstände einmal Gewalt verhindern geholfen haben sollte. Und daß es gespenstischerweise genügte, »ich bin das Volk« zu sagen, damit die Macht zurückwich.

Freilich stand das Gespenst hernach recht ratlos auf der Straße. Keine Ahnung hatte es, wie es in Wirklichkeit vorkommen sollte. Blies die Kerzen aus, verschwand. Ist nie mehr gesehen worden, weil es Gespenster nicht gibt. Und Leute kamen mit Fahnen daher. Und bald schon war die Banane die greifbarste Form der Volksherrschaft. – Auch an seinen Verheißungen ist das Zwangssystem zugrunde gegangen. Denselben, die seine Verbrechen erst ermöglicht hatten. So daß sich weiteres Nachdenken in dieser gespenstischen Richtung für weitere hundert Jahre verbietet. Und jeder, oder doch fast jeder, mittlerweile so tut, als habe er schon immer nur in den Westen gewollt. – Doch auch wenn alles anders wurde, ist doch nicht alles anders geworden. Und selbst das Wetter ähnelt sich, wenn es dauernd angestarrt werden muß: 12. Fenster von links, dritte Reihe, wo Arbeitslosigkeit herrscht. – Ja, auch die Westnudelsuppe wird nur mit Wasser gekocht. Weshalb sie nie im Leben ohne Geschmacksverstärker auskommt. – Und was ist eigentlich in Bäcker Matschkes Brötchen gefahren? Groß und blaß und selbstzufrieden liegen sie vor uns auf dem Frühstückstisch. Als wollten sie die Meinung des Auslands über die Deutschen darstellen. Und sind doch früher bescheidener gewesen, charakterlich knuspriger.

Bäcker Matschke, dieser Schuft,
bläst die Semmeln voller Luft.

»Was sagten Sie?«

»Nichts«, sagte ich.

Und doch war ich bei den Jungpionieren.

Wie selten das Wort vorkommt. Fast schon wie Hitlerjunge. Und selbst meine Tochter sieht mich bloß an mit ihren Unschuldsaugen. Und schüttelt ihr Ohrgehänge, als wäre sie schon immer beteiligt gewesen am weltweiten Ohrgehängegeschüttel. So kurz dabeigewesen, daß es ihr keine Mühe macht, nicht erst dabeigewesen zu sein. Und der kleine Ludwig meint, daß sein kleines Brüderchen gar nicht mehr wissen würde, daß es in der DDR geboren worden ist. »Weißt du, Mutti«, sagt er, »das sagen wir ihm gar nicht erst.« – Ob Ludwig sein Brüderchen schonen will? Ihm einen Verlust ersparen? Oder gar den Schock über seine rote Säuglingsvergangenheit? – Nein, nicht nur der plötzliche Wechsel der Zeiten, nicht nur die Fatalität unserer Erinnerungen bewirken Gedächtnisschwund: Die Dominanz der Gegenwart löscht das Erinnern aus. Noch nie war das Neue so neu. »Einfach köstlich« steht über unseren Köpfen geschrieben. Und die Geschmacksverstärker vertiefen den Augenblick. Daher dieses Überangebot an lässigen Schritten, bis hinein ins Altersheim. Uns momentan erschauern zu machen, erscheinen die Menetekel auf der Leinwand. Und was von früher ist, wird solange erneuert werden, bis es auch von heute stammt. – »Vergessen und versunken, er plakatierte nicht«, sagte ein Plakat, das für Plakate warb. Wozu sich da erinnern? Wozu erst madig machen, was man verkaufen will? – Auch mir gelingt es allmählich, auf ein »Wie geht es Ihnen?« nicht mehr von vornherein in lautes Klagen zu verfallen und mir nach Ostlerart selbst einen Vogel zu zeigen.

»Ob Sie so etwas haben wie eine DDR-Identität?«

»Können Sie mich nicht was anderes fragen?«

»Was?«

»Wie es mir geht, zum Beispiel.«

»Nun gut, wie geht es Ihnen?«

»Blendend«, sagte ich.

Und doch war ich bei den Jungpionieren.

Freilich, in Form von Verklärung ist noch Erinnern zu haben. Die gute Ostnudelsuppe als Hort der Geborgenheit. Nostalgie als Versuch, die eigene Anpassung vor sich selbst zu verbergen: Denn wenn es so übel nicht war, war auch die Anpassung nur halb so schlimm. Oder, umgekehrt, die Ostnudelsuppe als eine Art Höllenpfuhl, in dem nur die anderen Löffel herumgelöffelt haben konnten. Wie ja nach dem Zusammenbruch manch einer Zeuge der eigenen Tapferkeit wurde. Und forsch von den Roten sprach, nachdem sie verschwunden waren. Von der Schuld der anderen, um selber keine Schuld haben zu müssen. So daß es immerhin zum ersten Mal in der deutschen Geschichte zu einer Aufarbeitung der deutschen Geschichte kam, was dadurch erleichtert wurde, daß dieses Mal die deutsche Geschichte die meisten Deutschen gar nicht betraf. Ihnen nur bestätigte, dieses Mal ausnahmsweise auf der richtigen Seite gestanden zu haben. – Ach, wie hätten sich die Bayern über den Sozialismus geäußert, wenn über dem Hofbräuhaus der Sowjetstern geleuchtet hätte?

Doch bitte: Ob es ganz ohne Verklärung überhaupt ein Erinnern gibt? Wie habe ich tagtäglich still vor mich hingekotzt, wenn ich aus dem Briefkasten ein Neues Deutschland zog. Und es doch nicht abbestellt; nicht nur, weil es fast kostenlos war und wir Papier für das Hamsterklo brauchten, sondern auch, um meiner Morgenwut aufzuhelfen. Noch die fatalsten Alltagsbanalitäten erzeugen, indem sie ja auch zum Damals gehören, eine winzige Leere durch Abwesenheit. Und obwohl ich nun wirklich froh bin, im Briefkasten kein Neues Deutschland mehr vorzufinden, habe ich beim Kauf einer Frankfurter Allgemeinen versehentlich: »Neues Deutschland« gesagt. Lag wohl nicht nur an der vergleichbaren Dominanz beider Blätter – sondern auch am Beharrungsvermögen der grauen Zellen im Kopf. Wie überhaupt Identität (was für ein Trompetenwort), wenn jemals überhaupt, im nachhinein erst spürbar wird, als eine Art Vergangenheitsbohren. Nicht näher benennbar wie alle Gefühle.

Hat daher der DDR-Nostalgievorwurf nicht auch etwas

Pharisäerhaftes? Ob er nicht sogar Nostalgie erzeugt? Wie auch der Umstand, daß sich viele in den Beschreibungen damaliger Umstände nur halb wiederfinden? Vor allem, wenn wieder mit Hilfe des Damals das Heute ausgeblendet wird? Etwa, wie sehr mit dem Verlust der gewohnten Arbeit auch Lebenszusammenhänge verlorengegangen sind, die im Osten ungleich wichtiger als im Westen waren. Ohne daß jener Kollege jemals auch nur im Entferntesten damit gerechnet hätte, plötzlich ohne Kollegen zu sein. Den ganzen Tag vor dem Fernseher sitzen zu dürfen und fortwährend Bier zu trinken. Ja, ich bekenne es: Darüber würde auch ich zum Nostalgiker werden.

Freilich, wie haben uns unsere Altvorderen mit dem Hinweis genervt, daß Hitler doch die Autobahn baute. Aber erstens sind Kriegsbetonbahnen ein bißchen was anderes als die bis zum Überdruß zitierten Kindergärten, selbst wenn es in diesen Kindergärten auch kriegsspielzeugschwenkende Tanten gab. Und zweitens ist Hitler nicht Honecker; würde ihn, wäre ich Dante (schön wär's), jedenfalls doch einem anderen Höllenkreis zuordnen.

Wünschenswert wäre ein Erinnern, das heute weder das Damals beschönigt noch mit dem Damals das Heute zu beschönigen sucht.

»Keine DDR-Identität?«

Ich schüttelte den Kopf.

»Nie im Leben«, sagte ich.

Und war doch bei den Jungpionieren.

»Das ist doch kein Pionierknoten, Kind«, sagte die Pionierleiterin. Und beugte sich zu mir herab, ein sanfter Halskitzelschauer. Ehe ich wieder zurück in die Reihe mußte und wir alle gemeinsam das »Lied der jungen Naturforscher« sangen.

Die Heimat hat sich schön gemacht
und Tau blitzt ihr im Haar.

Wobei es mir die umwerfende Zeile: »Mit Fuchs und Dachs und Vogelwelt stehn wir auf du und du« besonders angetan hatte. Und ich, spätestens dann, wenn bestimmte Mädchenstimmen einfielen, in meinem Kinderseelchen den heftigen Wunsch verspürte, daß alles sich richten möchte. Eine Art Restreligiosität, die mich immer neu auf einen richtigen Sozialismus hoffen ließ. Zu meiner Blindheit beitrug, mich benutzbar machte. Und die ich doch nicht missen möchte, auch nicht im nachhinein. Das Prinzip Hoffnung, ja, wenn auch nun hoffentlich durch das Prinzip Skepsis ergänzt: mich vielleicht doch davor zu bewahren, ein bloßer Joghurtesser zu werden.

Das Leuchtbild der Banane

Aufgewachsen bin ich im Leuchtbild der Banane. Allein schon, weil sie so selten vorkam, daß, wenn sie einmal auftauchte, jeder gleich wußte, daß Weihnachten war. Ein gelbliches Aufblinken hinter der Ladentafel, ein Ruck in der Schlange: Bananen. Eine gebogene Nachricht aus einer anderen Welt. Zu der unsere Westverwandten wie selbstverständlich gehörten. Indem sie ohne weiteres über Bananen verfügten. Und sie uns als Beweisstück Jahr für Jahr mitbrachten. Und wir auf ihre Frage: »Gibt es die Dinger hier immer noch nicht?« nur resignierend abwinken konnten: »Nicht einmal zu Weihnachten.« Wie wir überhaupt unser Dasein, um ihre Großzügigkeit nicht unnötig einzuschränken, in möglichst schwarzen Farben darstellten und damit der Wirklichkeit erstaunlich nahe kamen. Doch während wir unsere Verwandten allein schon deshalb brauchten, um wieder einmal zu merken, wie schlecht es uns wirklich ging, brauchten auch sie uns allein schon deshalb, um wieder einmal zu merken, wie gut sie es eigentlich hatten, so daß wir letzten Endes für sie den Sozialismus ertrugen und ihnen es letzten Endes für uns von Jahr zu Jahr besser ging.

Dennoch befürchteten wir mit jedem Jahr erneut, daß diesmal kein Westpaket käme, doch dank Onkel Heinz kam es stets. Und war fast so groß wie ich, da ich es nach Hause schleppte, vorbei an den Nachbarkindern: »Der hat's guddi, Mänsch.« Und sogar selber aufknoteln durfte, doch niemals den Strick zerschneiden, weil es Weststrick war. Eh Mutter der ganzen Familie das Inhaltsverzeichnis vorlas, obwohl wir es schon vom letzten Jahr kannten. Und endlich das Paket auspackte. Und auf dem Küchentisch ein kleiner Wohlstandsgletscher lag.

So wuchs ich langsam heran. Nicht nur der Verzehr der Banane war das Nahrhafte an ihr, sondern auch ihr Besitz. Indem sie als Mangelware dem jeweiligen Besitzer eine Andeutung von Auserwähltheit verlieh. Doch während manche Mangelware gelegentlich abhanden kam und es zwar weiterhin kein Toilettenpapier, doch dafür auf einmal Zahnbürsten gab – blieb der Mangelwarencharakter der Banane konstant. Fünf Stück gab es pro Person, wenn wieder Weihnachten war. So daß man sich mehrmals anstellen mußte und auch die Kinder mit eingesetzt wurden, um die Familienpräsenz zu verstärken. Zumal der Kisteninhalt rasch abzunehmen pflegte. Und ich in der Schlange wieder und wieder vorauszuberechnen suchte, ob sie für mich noch reichten. Mit zunehmendem Hoffen, je mehr die Hoffnung schwand. Denn um so mehr in der Kiste die Bananen abnahmen, desto näher rückte ich an die Bananen heran. Und kam tatsächlich ausgerechnet in dem Moment an die Reihe, als noch genau fünf Bananen in der Kiste lagen. – Über die Ladentafel empor streckte ich meine fünf Mark dem Verkäufer entgegen, der die Hand des Kinds ignorierte. Derweil die Frau hinter mir jene letzten, sagenhaften Bananen in ihre Tasche packte. Daß ich die Seelenkahlheit verspürte, die der Totalverlust der Banane in einem Menschen anrichten konnte. Ein inneres Vakuum, das hinter mir in der Schlange in Form von Seufzern implodierte. Worauf der Verkäufer die Kiste umdrehte: »Ich kann mir das Gelumpe doch nicht aus den Rippen schneiden.« Und so, durch die Negation der Banane, ihr Leuchtbild erst recht beschwor. Und das Spannungsverhältnis von Mangel und Überfluß zu explosionsartigen Ausbrüchen führte, so daß schon in den ersten Jahrzehnten für eine Zehntelsekunde der Umbruch in der Luft liegen konnte und eine Stimme sprach: »Hängt doch den Pferdekopp raus.« – Mit hornissenartigem Brummeln, ein jeder jeden im Zickzack behindernd, versuchte die Schlange sich selbst zu entkommen und sich ein paar Straßen weiter aufs neue anzustellen. Ich aber stand noch immer mit dem Fünfmarkschein an der Ladentafel. Und sah, wie hinten im Laden die Mangelware Klempner erschien. Und, nach dem Gesetz der gegenseitigen Anziehung von Mangelwaren, mit einer ganzen Kiste Bananen auf seiner Schulter verschwand.

So war ich älter geworden. Im Leuchtbild der Banane, von Mangelwaren umkreist. Und wieder kam Westbesuch und brachte neben Kaugummis auch Bananen mit. Und unsere Dankbarkeit verblüffte selbst Onkel Heinz, denn das hatte er nicht gewußt, daß er derartig großzügig war. So daß wir uns auf die Weise erneut ein Westpaket verdienten. Und wieder ein Wohlstandsgletscher auf dem Küchentisch lag. Und von der Kompaktheit der Blockschokoladen und pfundenden Marzipane große Seelenfestigkeit auf mich überging. Ein inwendiges Leuchten, das selbst von den Puddingpulvern ausging. Und in mir noch nachtranszendierte, wenn alles wieder weggepackt und morgen erst Weihnachten war. Zumal der Paketgeruch noch eine Weile in der Küche hing. Und jeder, der hereinkam, sagte: »Das riecht ja wie im Westen hier.« Denn alles, was von drüben kam, hatte diesen unerhörten neonartigen Duft. Der als Aroma der Ferne im Bild der Banane stand. Sogar die abgelegten Hosen meines Onkels hatten diesen sich rasch an mir verflüchtigenden, neonartigen Geruch. Denn unser ganzer Onkel roch so, wenn er aus dem Auto stieg und uns Bananen brachte. Doch das war der Unterschied zwischen ihm und uns: daß er Bananen meinte, wenn er mit Bananen kam. Wogegen wir das Leuchtbild eines anderen Lebens dankend entgegennahmen. So wie ich auch keinen Kaugummi kaute, wenn ich Kaugummi kaute, sondern mit meinen Zähnen das Reich der Freiheit traktierte.

So war ich erwachsen geworden. Und hatte mich eigentlich schon mit dem Mangelwarencharakter meines Daseins abgefunden. »Zahnbürsten gibt es nicht?« sagte ich gleich beim Betreten des Ladens, um dem Verkäufer nicht den Triumph der Verneinung zu gönnen. Und bekam doch noch auf die Klopapierfrage das »Hammernich« entgegengeschleudert. – Der Klempner war auch gestorben, und was die Banane betraf, so blieb sie nun sogar zu Weihnachten aus. Und wer sich doch nach ihr anstellte, stellte sich nur aus Gewohnheit noch an. Doch ihr geheimer Neongeruch drang immer weiter vor. So daß es geschehen konnte, daß ich in Dresden den Neustädter Bahnhof betrat und vor der Bahnhofstoilette, mitten in dem dortigen, sich in den achtziger Jahren dem festen Aggregatzustand nähernden Uringeruch auf einmal einen Duft bemerkte, der mir auch bekannt vorkam und der sich selbst dann noch hielt, wenn wieder die Pissoirtür aufschwang. Worauf ich, der Nase nach, weiterging. Und durch eine Tür direkt in den Westen trat. Und die Wohlstandsgletscher meiner Kinderzeit eine leuchtende Grotte ergaben. Und die Verkäuferinnen im Licht auf und nieder gingen. Und mit korallenfarbenen Mündern nachdrücklicher denn je die Nachricht von der anderen Welt überbrachten: in der leider nur Westgeld galt, wogegen die Notdurft noch für Ostgeld zu haben war. Und doch wurde es immer schwerer, an den leuchtenden Grotten vorüberzugehen. Sei es, weil ich dank Onkel Heinz nun auch manchmal Westgeld hatte. Sei es, weil ich mich daran gewöhnte, ein wenig im Abglanz zu stehen und den Geruch der Freiheit zu riechen. Vor allem aber, weil sich die Grotten im ganzen Land vermehrten. Und noch auf entlegenen Kleinstadtbahnhöfen oder am Rand der Braunkohlengebiete eine Baracke zu finden war, auf welcher »Intershop« stand. Möglichst heimlich ging ich hinein. Denn wer wird gern bei seiner Sehnsucht nach einem anderen Leben ertappt? Wenn sich das Gesicht angesichts der Badewannen vor Bewunderung entleert? Und gegenüber dem Chrom ein wenig dümmlich wirkt? Peinlich jedenfalls, in einem solchen Moment einen Bekannten zu treffen. Der einem seinerseits erklärte, eher versehentlich hier zu sein, wenn wir nicht sofort versuchten, uns gleich zu übersehen. – Stützpunkte des Überflusses, die uns unsre Mängel erst recht spüren ließen. Wohlstandskatakomben, die längst das Land unterminierten. Bis auch ich mich fragte, wieso immer Onkel Heinz – und nie im Leben ich? Und massenhaft auf die Straße ging und lauthals behauptete, auch jemand zu sein. Da fiel die Mauer ein, die uns vom Westen noch trennte. Und jeglicher ging los, um sich die Banane zu holen. Doch als ich, mit Bananen beladen, wieder nach Hause kam, war die Banane schon da. Und ich begann, Bananen zu essen, als ob ich den vierzigjährigen Vorsprung meiner Westverwandten im Bananenessen jemals noch hätte aufholen können. Doch um so mehr Bananen ich aß, desto weniger bemerkte ich, daß ich Bananen aß. Bis ich über dem Bananenessen die Banane vergaß. Und sie auch sonst aus den Augen verlor, sosehr sie sich zwischen Ananas und Artischocke auch häufte. Denn längst esse ich Blattsalat wie meine Westverwandten. Und rieche auch keinen Westgeruch mehr, seitdem ich selbst so zu riechen begann. Unbemerkt gletschern die Marzipane über den Küchentisch. Und auch das höhere Leuchten verschwand, seitdem an jeder Ecke die Fortschrittsbanane steht. – Ja, die Banane hat die Banane beseitigt. Der Mangel an Mangelwaren den Traum vom Überfluß. Nicht einmal die Freiheit spüre ich noch, seitdem mir hier jeder sagt, daß dies die Freiheit sei. Und was noch schlimmer ist: Westpaket kriege ich auch keines mehr. Wie mir auch mein Onkel abhanden kam, weil wir uns gegenseitig nicht mehr als Kontrastmittel brauchen. Kurzum, der Untergang der Banane ist mein hauptsächlicher Utopieverlust. Nur manchmal, wenn ich mich nachts aus dem Fenster beuge, scheint mir am westlichen Himmel ein unendlich ferngerückter, sichelförmiger Mond das Leuchtbild der Banane noch einmal nachzuahmen.

Ostgezeter
Ein Beitrag zur Schimpfkultur

I. Wer sich, wie ich, den Vorwurf macht, im Osten nicht wirklich »Nein« gesagt zu haben, wollte es dieses Mal womöglich gleich richtig machen und nicht gleich wieder nur »Ja aber« sagen.

»Nicht doch«, sagte ich.

»Diese Larmoyanz.«

Wenigstens was meine Bildung betrifft, kann ich mich als ein Opfer betrachten. Sah im nun auch wiedervereinigten Duden nach, was Larmoyanz eigentlich heißt:

»Weinerlichkeit, Rührseligkeit.«

Da hätte man mich also gleich einen Jammerlappen nennen können. Oder eine Heulsuse, was der geschlechtsspezifischen Rolle des Ostens im Vereinigungsprozeß noch besser entsprochen hätte.

Larmoyanz allerdings war ein gehobenes, vor allem unter Intellektuellen zur Anwendung kommendes Wort. In einer Halbdrehung des sich Abwendens ein wenig in die Länge zu dehnen und dabei mit Zorn oder Trauer zu füllen.

Was hatte ich denn nun schon wieder falsch gemacht? Wollte ich mich erinnern, hieß es Nostalgie. Wollte ich kritisieren, hieß es Larmoyanz. Wenigstens ein »Nicht doch«, hatte ich gehofft, gehörte jetzt zur Grundausstattung.

Freilich gab es ein Ostgejammer, das, manchmal verräterisch schrill, eigenes Dabeigewesensein zu übertönen suchte. Eine Art »Haltet den Dieb!«, vom Dieb selbst vorgetragen.

Ob mich der Larmoyanzvorwürfler etwa für so einen hielt?

Hätte ich nicht das Wunder erst einmal würdigen können, das uns geschehen war? Das wir selbst den Westdeutschen voraus hatten, die ihr bisheriges Leben immer weiter fortführen mußten. Während unsereins die, weltgeschichtlich gesehen, seltene Gelegenheit hatte, noch einmal ganz von vorn anzufangen. Zu schweigen von der Tatsache, daß es hier nun endlich auch anständigen Rotwein gab. Vielleicht die Haupterrungenschaft des historischen Großaugenblicks der deutschen Vereinigung.

Ja aber, das war es ja. Das wäre erst recht ein »Ja, aber« gewesen. Begeistert hatten wir doch dauernd sein sollen. Immerzu positiv, der großen Sache wegen: »Keine Fehlerdiskussion« – die Funktionärsvariante des Larmoyanzvorwurfs. Und unentwegt dankbar, nicht wahr, vom ersten Schultag an. Für die Pausenmilch und die Brüderlichkeit der großen Sowjetunion. Ein einziger historischer Großaugenblick war diese DDR gewesen.

Ach, konnte man nicht endlich einmal ungestört undankbar sein?

»Was ihr uns kostet«, sagte meine Tante.

Und hatte ja nicht unrecht damit.

Nicht einmal gefragt worden war sie, ob sie uns überhaupt haben wollte. So daß es im Westen mit der Demokratie so weit nun auch nicht her sein konnte. Freilich hatte unsereins die Kosten der deutschen Geschichte vierzig Jahre lang auch ungefragt für sie mit ausgelegt. Allein die Zinsen und Zinseszinsen, die da angefallen waren.

»Das meiste Geld fließt sowieso wieder in den Westen zurück«, versuchte ich sie zu trösten, indem ich ihr etwas Kaffee nachgoß, der als Westkaffee auch der ihre war.

»Ich habe keine Mark gesehen.«

Diese Larmoyanz. Früher hatte sie niemals gejammert.

Färbte der Osten nun doch auf den Westen ab? Gerade meine Verwandtschaft war mir doch immer als Bild des Einverständnisses erschienen. Wenn sie ihre Autos schräg auf der Wiese abstellten, gleich neben dem Wasserfaß. Und dann in der Sonne standen, in ihren weißen Nylonhemden. »Sie sind da!« rief meine Mutter und fuhr aus der Wickelschürze. Und doch schien es etwas Linkisches zu haben, wie wir ihnen entgegentraten. Als wären wir hier gar nicht richtig zu Hause. Als hätten wir schon damals geahnt, daß der Boden, auf dem wir standen, laut Grundbuch gar nicht der unsere war.

Erst später habe ich begriffen, daß es für sie wirklich keine Kleinigkeit gewesen ist, aus ihrer Unbehelligtheit heraus, ausgerechnet über diese Grenze zu kommen, anstatt nach Spanien zu fahren. Unsereins war ja als Ostblockmensch polizistengewohnt. Ihnen aber mußten die Stempelgesichter unserer Bewacher noch viel bedrohlicher als uns erscheinen. So daß sie natürlich noch viel ängstlicher waren als wir. Es schon am nächsten Tag gar nicht erwarten konnten, sich ordnungsgemäß bei der Polizei anzumelden. Und es auch niemals wagten, den mitgebrachten Kaffee in eine der begehrten Zeitungen einzuwickeln, damit wir sie lesen könnten. Und doch haben sie durch ihre alljährlichen Besuche den Westen in uns wachgehalten. Und somit auch einen Anteil am Zusammenbruch, der ausdrücklich einmal lobend erwähnt werden soll. Wobei uns ihre Besuche auch in dem Gefühl bestärkten, daß sich drüben alle vor allem für uns interessierten. Auch der Rundfunk von drüben redete ja recht oft über uns. Und nichts hörten wir lieber, als reden über uns. Noch heute ertappe ich mich dabei, unter Westdeutschen nur darauf zu lauern, daß die Rede auf den Osten kommt, damit unsereins endlich wieder mal richtig im Mittelpunkt steht. Auch eine Hauptenttäuschung, gar nicht ihr Hauptproblem zu sein. »Sind Sie das erste Mal in Deutschland?« fragte mich im Schwäbischen eine Bibliothekarin mit ausgesuchter Freundlichkeit. Und im Sauerland versuchte ich, einer Schulklasse einzureden, daß sie doch auch etwas von der Vereinigung hätten: Nicht nur dadurch, daß sie mich jetzt kennenlernten. Nein, es gäbe auch noch andere Leute im Osten, wenn sie nur einmal hinfahren wollten. Anstatt schon wieder nach Holland ans Meer, um dort im Swimmingpool zu baden. Richtige Dörfer gäbe es in Ostdeutschland noch, im Moment jedenfalls. Und außerdem die Sächsische Schweiz.

Wie sie mich ansahen, mit ihren lieben Wohlstandsgesichtern. »Der Osten«, sagte schließlich einer, »entspricht nicht unseren Anforderungen.«

Allerdings sind häufig ausgerechnet die, die sich für den Osten nicht interessieren, die Sympathischeren. Manchem montags aus Bayern hierhergewirbelten Interessenvertreter wäre jedenfalls etwas mehr Desinteresse zu wünschen. Gerade auch in seinem Interesse. Damit er anschließend nicht immer auf die Malediven muß, weil nun auch der Osten durch ihn immer einförmiger wird.

»Wir kriegen Westbesuch!«

Schon immer war dieser freudige Ruf mit leichtem Entsetzen vermischt. Zumindest meine Mutter bekam einen zusätzlichen Putzwutanfall. Doch über die Ladentafel gesagt, konnte das Wort beim Fleischer eine Rinderzunge bewirken. Und zusätzlich zum Aufschnitt fünf Scheiben Schinken, gekocht.

»Zieh die guten Hosen an.«

»Welche guten Hosen?«

»Die von Onkel Heinz. Daß er sie wiedersieht.«

Und abermals standen sie auf der Wiese, neben dem Wasserfaß. Und hatten es auffällig eilig, die Begrüßungsphase hinter sich zu bringen.

»Toll, deine Bluse, Christa.«

»Aber Olly, die ist doch von dir.«

Auch wir hatten es auffällig eilig, die Begrüßungsphase hinter uns zu bringen. Und manchmal kam es sogar noch vor der Begrüßungsphase zur Geschenkeverteilung.

»Faß zu, Kleiner.«

»Dieser Westen. Was es da alles gibt!«

»Oh, wie ist das Leben sauer – ohne Doktor Adenauer«, kommentierte mein Vater den Vorgang.

Allein unser Siegfried stand etwas verloren dabei. Nur eine Tafel Schokolade hatten sie ihm mitgebracht, weil er politisch war.

Die nächste Phase war das Kaffeetrinken. Für das rasch noch eines der mitgebrachten Päckchen aufgerissen wurde, weil die Plempe von hier wirklich keinem zumutbar war. Bestandteil des Kaffeetrinkens war das Ost-West-Gespräch. Das ging so vor sich, daß Siegfried von vornherein schwieg, weil er politisch war. Während die anderen sich langsam einzuschimpfen begannen. Wobei auch die Westdeutschen schimpften. Nicht etwa auf ihren Staat, wie es sich für anständige Leute gehört; höchstens daß sie erwähnten, daß man drüben auch arbeiten müsse: »Mehr als hier, mein Lieber.« – Nein, auch sie schimpften auf den hiesigen Staat. Während Siegfried weiter schwieg, weil er politisch war. Und im Verlauf des Schimpfprozesses nicht einmal eine Westzigarette angeboten bekam. »Diese Schlaglöcher bei euch. Daß ihr da nicht gleich drin verschwindet mit eurem Pappwägelchen. Bloß gut, daß unser Wagen anständig gefedert ist.«

Immer neue Mißstände mußten meine Leute vorbringen, um das Ostgezeter wieder an sich zu reißen. Doch je heftiger sie schimpften, desto mehr Material lieferten sie ihrer Schimpfkonkurrenz. So daß sie allmählich immer stiller wurden. Die von drüben denen von hier das Wort aus dem Mund nahmen. Schon damals am besten wußten, wie unsere Vergangenheit war. Nicht ahnend, daß für uns das Schimpfen ein Akt der Sinngebung war. Der Versuch, die Nachteile, die wir im Osten hatten, ihnen gegenüber in einen Gesprächsvorteil zu verkehren. In ein kleines symphonisches Zeterereignis über den Häuptern der deutschen Misere.

Doch ausgerechnet auf diesem, ihrem ureigenen Feld, dem Gejammer, hatten sie den kürzeren gezogen. Eure Schlamperei, hatten die Verwandten gesagt. Euer Spitzbart. Euer Honecker. Als meinten sie auch uns. So konnte es geschehen, daß ich, kaum der Pubertät entronnen, mit meiner Fistelstimme den Osten zu verteidigen suchte. Worauf dem roten Siegfried nun doch eine Westzigarette angeboten wurde, die er jetzt allerdings kategorisch ablehnte und stockend die Friedenspolitik von Partei und Regierung zu erläutern begann.

Da fielen alle über ihn her. So daß es bei uns zu Hause damals schon so etwas wie eine deutsche Vereinigung gab.

Doch eine gewisse Mißstimmung blieb.

»Vielleicht fahren wir nächstes Jahr doch mal nach Spanien rüber.«

»Selbstverständlich. Ihr habt ja alle Möglichkeiten.«

Endlich fuhren sie. Hoffentlich kamen sie wieder.

»Ach, die haben ja nur das Materielle im Sinn«, sagte meine Mutter und wischte sich auf ihre larmoyante Art ein paar Tränen aus den Augen.

II. Allmählich gelang es mir freilich, mein Bild vom Westdeutschen ein wenig zu erweitern. Zumal selbst meine Verwandten allmählich der Adenauerzeit entkamen. Vor Aufgeklärtheit leuchteten, wenn sie geltend machten, daß ihr Wagen nun auch einen Katalysator habe, so daß jeder gefahrene Meter ein Beitrag für den Umweltschutz wäre.

Auch meinte man im Westradio nun manchmal den eigenen Staat, wenn man den Staat kritisierte. Und im Fernsehen sah ich, was ich noch nie im Leben gesehen hatte: Leute, die richtig demonstrierten. Demonstrativ auf der Straße saßen, so daß sie ausdrücklich davongetragen werden mußten. Oder mit Gum-

miknüppeln verhauen, was sie sogar bis ins Ostfernsehen brachte. Samt ihren Plakaten, auf denen eine Zukunft stand, von der sie vermutlich auch nicht viel wußten. – Mit heißen Wangen saß ich da: Die trugen ja lange Haare wie ich. – Das waren meine wirklichen, meine echten Westverwandten!

»Ach, wer da mitdemonstrieren könnte!«

Doch ausgerechnet in dem Moment, als ich nach dem Westen kam, demonstrierte kaum einer mehr.

Nicht daß es sie nicht mehr gab, die echten Westverwandten. Im Gegenteil, mit vielen drüben verstand ich mich sofort, ja oft besser als mit manchem Gleichaltrigen hier. Zumal nun im Osten auch ein gewisser Verdummungsprozeß vonstatten zu gehen schien. Und die Zahl der Leute deutlich nachließ, mit denen ich mich gern unterhielt. Denn selbst im Falle fortgesetzter Intelligenz gab es, als Folge des Mißbrauchs politischen Denkens, eine spürbare Privatisierung auch des Gedankenvorrats. Und dann diese Larmoyanz- und Nostalgiefliegenklatsche, bei etwaigem Denk- oder Erinnerungsversuch.

Doch soviel ich indessen auch echte Westverwandte traf – stets blieben wir alle zusammen nur dreieinhalb Prozent. Und die meisten von uns im Schuldienst beschäftigt oder Sozialarbeiter. Doch jeder Änderungsgedanke wird schließlich gar nicht mehr gedacht, wenn er nie im Leben eine Mehrheit hat. Und keine Empörung hält sich über Jahrzehnte, wenn der Empörer täglich arbeiten gehen muß und außerdem im Wohlstand lebt. Nicht einmal der Innenminister regte uns noch sonderlich auf, trotz seiner Ausländerabschiebepraxis, die wir ihm vor Jahren niemals hätten durchgehen lassen, als ich uns noch im Fernsehen demonstrieren sah.

Ach, hatte ich denn ganz vergessen, daß Heinrich Böll gestorben war?

»Im Westen darfst du alles sagen, doch keiner hört dir zu«, hatte man mir vor meinem Eintritt in den Westen gesagt. Aber wie selten sagt noch wer was, daß sich das Zuhören lohnt. – »Freiheit«, hatte ich gelernt, »ist immer auch die Freiheit der Andersdenkenden.« Was aber ist mit der Freiheit, wenn kaum wer noch anders denkt?

Nur Günter Grass gab es noch, und es sah schon gespenstisch aus, ihn so mutterseelenallein im Deutschen Wald herumfuchteln zu sehn.

III. Nicht daß gar kein »Nicht doch« mehr vorkam. Nur ein gewisser sarkastischer Grundton, eine gewisse Lässigkeit schien beim Vortrag unerläßlich. Und ich hatte mir wohl auch deshalb den Larmoyanzvorwurf eingehandelt, weil ich mein »Nicht doch« innerlich bebend vorgebracht hatte. Unmöglich das, was man sagte, gar zu ernst zu meinen. – Gefragter war sowieso ein »Ja aber«. Wer »Ja aber« sagte, wurde »Querdenker« genannt. Vielleicht die schon vor Jahren ins Auge gefaßte Benzinpreiserhöhung von 0,2 Pfennig pro Liter zugunsten des deutschen Waldes und der Eisenbahn?

»Was sagten Sie?«

»Nichts«, sagte ich.

»Diese Larmoyanz.«

Literaturstreit hieß so etwas in Intellektuellenkreisen. Der Literaturstreit ging so vor sich, daß die einen immer was sagten, aber die anderen nie. Eines allerdings bewirkte unser fast schon heroisches Schweigen: Der Larmoyanzvorwurf verstummte, aus Mangel an Gegenwehr.

Blieb der banale Meckervorwurf. Das Bild des Ostlers als Labermaschine.

»Ihr jammert ja nur noch«, sagte Onkel Heinz, als ich ihn in Düsseldorf besuchte.

»Meinst du wirklich?« fragte ich hoffnungsvoll.

Sollte sich tatsächlich von unserer uralten und bedeuten-

den Schimpfkultur etwas erhalten haben? Vom Ostgezeter, das einerseits die Verhältnisse aushalten half. Andererseits aber auch die lebensnotwendige Unzufriedenheit aufrechterhielt, den »Geist der Unruh« (Hölderlin). – Ein Stimmengewirr, das als Gegengeräusch zum staatlichen Gebetsmühlengeklapper vierzig Jahre lang unsere eigentliche Heimstatt war. Nur in ein Taxi mußtest du steigen, und schon testete der Chauffeur – »Gurken gibt es auch wieder nicht« –, ob du zu denen da gehörtest oder hier zu uns. Bevor wir gemeinsam zu schimpfen begannen und uns auf diese Weise in einem angemessenen Weltverhältnis übten. Und irgendwo auf der Fahrt, im Zentrum des Gezeters, die damals als solche noch gar nicht erkannten, prophetischen Worte fielen: »Das geht nicht mehr lange hier.«

Das war noch Larmoyanz. – Doch, ach, Gejammer heute gleich ein Mißverständnis. Unsere Landsleute drüben können ja nicht wissen, daß wir immer jammern, solange wir noch wir selber sind. Und daß dieses Jammertal unbejammert noch trostloser ist.

»Jammert ihr eigentlich noch?« fragte ich Erwin, der ein Ingenieurbüro hat.

»Das ist ja der Jammer«, rief er. »Wir kommen gar nicht mehr dazu.«

Auch Hans fragte ich, wie es ihm derzeit ginge. Hatte ihn mir extra herausgesucht, denn er mußte seinen Garten abgeben, weil der sich rechnete.

»Ich kann nicht schimpfen«, schimpfte er. »Sie haben mir doch eine Abfindung gegeben.«

Rasch in die Kneipe mit mir. Zwei stumme Gestalten am Tresen, wie ich sie aus dem Sauerland kannte. Und am Handwerkertisch andauernd Geldgespräche (»Der weeß, wo's langgeht, sach ich dir«).

War die Gesellschaft im Osten bereits so weit atomisiert,

daß eine ordentliche Schimpfkultur schon nicht mehr möglich war? Und es höchstens oben im Brandenburgischen noch einige Schimpfinseln gab?

Hatte ohne Gejammer das Leben überhaupt einen Sinn?

Den roten Siegfried brauchte ich gar nicht erst zu fragen, weil er als leitender Kader in der Landwirtschaft vom Umbruch sowieso nichts mitbekommen hatte. Und mir womöglich immer noch die Friedenspolitik von Partei und Regierung zu erläutern versuchte.

Meine letzte Hoffnung waren die Arbeitslosen. Stumm standen sie in der Grillbudenlandschaft. Stumm tranken sie ihren Jägermeister und legten die geleerten Flaschen schweigend vor sich auf das Brett. Nur ein Kerl mit einem zerschlagenen Gesicht beschwerte sich darüber, daß jetzt im Tschechischen die Mädchen schon vierzig Mark kosten würden.

Bloß rasch beiseitegeschlichen. Doch da, in der Abenddämmerung, zwischen den kahlen, weiträumigen Kanten der Vergangenheitsplattenbauweise ein kleiner glatzköpfiger Mann. Der mit der flachen Hand einen Automaten ohrfeigte. »Verdammter Griebel«, rief er. »Du bist wie alle hier. Nehmen dust de, aber geben nischt!« –

Vorsichtig auf ihn zu, ihm eine Zigarette zu geben. »Kumpel«, sagte er und umarmte mich. Wir letzten Larmoyanzler mußten zusammenhalten.

II.
Dampfschiffnudeln

Dampfschiffnudeln
Methoden, sich Dresden zu nähern

I. Wer über die Autobahn kommt, hat oft die Möglichkeit, mit vielen anderen Autos oben zu verharren und auf eine Dunstglocke hinabzusehen. Und manchmal sogar den Rathausturm zu erkennen, der sich am meisten vordrängt, weil er der Häßlichste ist.

»Unser Dresden«, sagen wir Dresdner dann.

»Das Tal der Ahnungslosen«, sagen die Auswärtigen, wenn sie Berliner sind. Die Formel ist noch immer im Umlauf, weil sie Gelegenheit gibt, sich selbst für ahnungsvoll zu halten. Als wären wir da unten wirklich so ahnungslos gewesen, als wir kein Westfernsehen hatten und sich jeder seinen Teil noch selber denken mußte.

Kaum daß sich die Autos wieder in Bewegung setzen, verschwindet die Stadt erneut, und mancher Autofahrer hat sie vor lauter Autos nie mehr wiedergesehen. Selbst die berühmte Dresdner Höflichkeit geht völlig unter im Straßenverkehr, ein rätselhaftes Phänomen. Nicht einmal im Ruhrgebiet habe ich soviel gasgebende Stumpfheit angetroffen wie hier. Die Gegend wimmelt von Wahnsinnigen, die immer noch überholen müssen. Als ob sie dieses Mal nicht ahnungslos hinter den neuesten Brutaltendenzen zurückbleiben wollten.

Empfehlenswerter ist ohnehin die Eisenbahn. Noch die unbedeutendste Stadt hat eine Zugankunft verdient. Doch Vorsicht, wer aus dem Hauptbahnhof auf die Prager Straße tritt, ist nicht etwa versehentlich nach »Karl-Marx-Stadt« gefahren. Besser, er weiß gar nichts von der einstigen Pracht dieser Einkaufsstraße, die nach der ersten, der Bombenzerstörung, nur noch ein Pfad zwischen den Ruinen gewesen sein soll. Und nun, nach der zweiten Zerstörung, dem Abriß der ausgebrannten Fassaden, darstellt, daß Aufbau eben auch oft nur eine Form der Zerstörung ist. Eine solche Plattenkahlheit empfängt den Ankömmling hier. Ein notdürftig mit Springbrunnen kaschierter, steingewordener Bericht des Politbüros an das Zentralkomitee. Nur der Architekt fehlt, ein gewisser Lenin, der hier unter der Benennung »Roter Bahnhofsvorsteher« neben den Rabatten stand. Der Oberbürgermeister hat ihn nach dem Westen, nach Sindelfingen, geschickt, weil den Siegern der Geschichte auch die Trophäe zusteht. Ohne ihren Architekten erscheint die Architektur allerdings eher noch kahler. Und wieder ist einer weniger, dem man die Schuld geben könnte.

II. Ich aber nehme das Schiff. Noch jede Stadt hat jedem, der aufrecht an der Reling stand, respektvoll entgegengeblickt.

In Meißen zugestiegen. Meißen, das selbst einmal Dresden werden wollte. Und mit Burg und Dom, hoch über Fluß und Stadt, schon ein angemessener Auftakt für eine Fahrt nach Dresden ist. Und wirklich, kaum hat das Schiff abgelegt, geben hoch oben die Türme Signal. Worauf der Steuermann die Dampfpfeife zieht; ein schrilles Antwortgeorgel, und Spritzer fliegen übers Deck, dem Verfasser ins Gesicht. Da rechts und links die Wiesen flußab ziehen. Die flachen Berge aber eher mit dem Schiff mitwandern, bevor sie plötzlich auch zurückbleiben und andere Berge mitgehen; ein sacht hingleitendes Gegen- und Miteinander, das schon recht dresdnerisch ist. Und das Schaufelrad schlägt gleichmäßig klackernd das tiefbraune Wasser und sortiert unter dem Schaufelradkasten die weißliche Gischt hervor.

Unter den Leuten an Bord etliche ältere Leute, die dem hier noch neuartigen Beruf des Vorruheständlers nachgehen und mitgebrachte Schnitten essen. Zwei Männer, die mit roten

Köpfen die Sitte des Biertrinkens aufrechterhalten. Und leise vom Ostfußball reden, ein Untergangsgemunkel. Viele Leute aus Köln usw., allerdings eher zurückhaltend und still, eben Leute, die mit dem Dampfschiff mitfahren. Gleichwohl sofort erkennbar, daß sie von drüben sind. An der besonderen Zweckmäßigkeit, mit der sie für den jeweiligen Zweck immer angezogen sind. Für das Dampfschiff also praktisch, kniebundhosen- und windjackenhaft. Was vor allem den Männern etwas Erforscherisches gibt. Ist ja auch eine Leistung, den Osten persönlich erkunden zu wollen.

Auf dem Mitteldeck Berliner, die kluge Bemerkungen machen.

Noch lange – je ferner, je imposanter – winken mir die Meißner Domtürme nach, falls sie nicht die Berliner meinen, aber die wenden sich gar nicht erst um. – Die Weinberge zur Linken entfernen sich nach einiger Zeit und gehen andere Wege, so daß man nur hoffen kann, daß sie auch dieses Mal wieder bei Radebeul zum Fluß zurückkehren, in das dortige, zu spätbarocker Vergoldung neigende Licht. Die laubbedeckten Berge zur Rechten halten sich dagegen strikt neben dem Fluß; unsichtbar dahinter die Weglosigkeit riesiger Felder; aber die Dörfer momentan noch Dorf. In Batzdorf das Schloß, vor Jahren eigentlich schon verloren gewesen: zu eingesunken die Dächer, ein Loch für den Konsumladen mitten hindurch gebrochen, im Schloßinneren das Toben eines Hunds. – Nun aber doch in die neue Zeit herübergerettet mit Treppe, Galerie und winzigem Renaissancehof, in den gelegentlich der Mond zu scheinen pflegt. – Oben auf dem Hang das Schloß Siebeneichen, da war Novalis gelegentlich. Etwas später dann die grün verschütteten Dächer von Schloß Scharfenberg; auch ein Treffpunkt von Leuten, die mit ihrer Zeit nicht so recht zufrieden waren, sogenannte Romantiker, damals wie heute gescheitert oder auch in den Staatsdienst gegangen, was freilich dasselbe ist, nur daß der im Staatsdienst niemals davon erfährt.

Das romantische Ferment ist jedenfalls noch am ehesten spürbar, ein Hang zum Sinnhaften, der sich etwa so auswirkt, daß zwei bis drei Maler hier noch richtig malen und das Gemalte trotzdem etwas taugt. Schloß Scharfenberg – mein Schloßerlebnis schlechthin. Bin dort einmal Hand in Hand durch einen Wald gegangen, in dem sich die Lindenbäume einer Allee verbargen, bis wir plötzlich vor einer Schloßmauer standen; einzelne Gitterfenster hoch oben in der Baumdüsternis. Und unter ein wappengeschmücktes Tor hintraten, über das einst der Fähnrich geschwebt sein soll, über die Köpfe der Belagerer hinweg, die Fahne als Fallschirm benutzend. Da wir uns, wie gesagt, an den Händen hielten, für immer verhext vom Zauber des Orts, so daß wir sie seither nicht mehr loszulassen vermochten. – Noch heute weiß ich da oben eine Tür in der Mauer. Durch die hindurch der Blick in einen kleinen Garten geht, wo, eingefaßt von Buchsbaummäuerchen, im Gras viele hundert Äpfel liegen. Und zwischen ihren Rundungen eine Spannung besteht, die Stille genannt werden muß, da sie schon bei der geringsten Berührung zu explodieren droht. Bin freilich seit langem nicht dort gewesen, aus Furcht, jemand könnte gleichwohl zwischen die Äpfel getreten sein und sie alle einfach aufgesammelt haben.

Am Ufer eine weitere Touristenattraktion: Kinder, die Steine werfen. Und wohl noch nicht erfahren haben, daß frei herumlaufende, vor sich hin spielende Kinder in Deutschland eigentlich abgeschafft sind und allmählich ins Museum für Frühgeschichte gehören.

Der alte Wunsch, einmal vorn neben dem Steuermann zu stehn. Nun aber die Möglichkeit, mich als Verfasser auszugeben, der einen fulminanten Aufsatz über Dresden schreibt.

Ob Sie schon lange dabei sind?

»Ziemlich.«

Ob wegen der hohen Preise so wenige mitfahren?

»Teils, teils.«

Ob das ein Unterschied ist, wenn vor allem Westdeutsche an Bord sind?

Schweigen.

»Ich danke Ihnen für das Interview.«

Immerhin, ich stand neben ihm. Und die Berliner haben es alle mitansehen müssen. Und vor mir taucht, fernhinlasiert, eine langgezogene Hügellinie auf; in einem weiten, theatralischen Rund der Elbhang, eine Art Dresdenumarmung.

Je näher das Schiff der Stadt kommt, desto mehr vergleichgültigt sich die Landschaft. Jedoch gibt es für diesen Fall unter Deck Salons. Langsam in Bieren versinken, auch eine Methode, sich Dresden zu nähern. Im Pieschener Hafen wachsen Zweige über die Reling des Motorschiffs »Karl-Marx«, das, obwohl rasch noch in »August der Starke« umbenannt, dennoch wegen Systemnähe nicht in den öffentlichen Dienst übernommen, hier nun vor sich hinrosten muß, so daß in diesem Ausnahmefall nicht einmal die Umbenennung was nützte.

Der gehaltvollste Dampf steigt direkt aus dem Maschinenraum. Wo Maschinenhüften asymmetrisch gegeneinanderkurven. Und Spindeln spitz auf und nieder fahren. Und in der Tiefe ein Zylinder aufgeregt hin und her wankt. Eine mythische Dauerbeschwörung, seit über hundert Jahren schon und doch wie seit eben erst. Die immerhin deutlich macht, daß es keine Kleinigkeit ist, von Meißen nach Dresden zu fahren. Doch ungerührt wie immer sitzt der Maschinist in der stampfenden Tiefe, und wenn er auch nicht mehr Kohle schippen muß, weil nun der Dampf durch Diesel erzeugt wird, ist seine Brust doch behaart.

Die Westdeutschen halten begeistert ihre Kameras in den rotierenden Orkus hinab. Vorsichtig frage ich einen von ihnen, ob das eine Videokamera wäre.

»Nu«, sagt er.

Eine, landeskundlich gesehen, hochinteressante Bemerkung. Sollte dieser Mensch etwa ein Sachse sein? Oder eignen sich die drüben jetzt auch schon unsere Sprechweise an?

Im Chaos dampft still ein Ventil. Und der mit Öl und Stampfen vermischte warme Dampfgeruch erinnert an die Nudelsuppe, die ich früher an Bord immer aß. Natürlich mit »Fleischeinlage«. Wobei sich der Schiffsdampf mit dem Nudeldampf mischte und beides zusammen erst die echte Dampfschiffnudel ergab. Die für mich noch immer in eins geht mit dem Schrillen des Maschinentelegraphen, dem besonderen Tonfall der Lautsprecheransage: »Bitte am Hinterschiff absteigen.« Oder dem Staken beim An- und Ablegen, wenn sich die Matrosen an die Stangen hängten und das Schiff an der Landungsbrücke entlangknarrte. Und unter dem, bis an tiefste Seelenschichten rührenden Aufkreischen der weiblichen Fahrgäste, sich ein Matrose ausdrücklich über den Schiffsrand empor in die Luft heben ließ.

Dampfschiffnudeln natürlich längst abgeschafft. Bockwurst jedoch noch vorhanden. Wenigstens sie unsterblich hier.

Beinahe die Ankunft verpaßt. Das Schiff scheint auf diesen triumphalen, von Canaletto verschuldeten Postkartenblick buchstäblich zuzufliegen. So daß ich – Augustusbrücke, Oper, Schloßturm, wieder mit zierlicher Haube, Hofkirche, die volle Breitseite, Heilige mit Wahnsinnsgebärden –, so daß ich, sage ich, diese Bockwurst hinter mir zu verbergen suche. Die Hofkirchenglocken läuten, was die Berliner an Deck allerdings auf sich beziehen. Doch selbst wenn zwischen Hofkirche und Kunstakademie die Frauenkirchenkuppel als Mittelpunkt und Halt noch fehlt, kann sich wohl keiner an Bord dem Gedanken entziehen, in Dresden angekommen zu sein. Auf dem Neustädter Uferweg ein hier noch nie in solchem Ausmaß beobachtetes gutangezogenes Flanieren. Und, über die Brüstung der Brühlschen Terrasse gebeugt, massenhaft Leute, die teils der Ankunft des Dampfers zusehen, teils in Reiseführern nachschlagen, ob sie in Dresden sind.

III. Die Hauptmethode, sich Dresden zu nähern, ist die, wieder abzufahren. – Freilich, der Zwinger, die Galerien ... Allein Friedrichs Gemälde »Das Große Gehege« genügt, Dresden eine Kunststadt zu nennen, besonders wenn wieder einmal der Himmel durch Friedrichbildnachahmung den Kunststadtcharakter betont. Und wer um das Residenzschloß herumgeht, mag staunen, welche Gesteinsmassen da endlich wieder zum Leben erwachen. Und auch der Wiederaufbaugegner wird mit Rührung die wiederzuverwendenden Steine vom Trümmerhaufen der Frauenkirche draußen vor dem Lutherdenkmal in langen Eisenregalen wie Brote aufsortiert sehn. Dennoch heißt Dresden: »Es war einmal«. – Eine Stadt ist mehr als einzelne wiedererrichtete Baudenkmäler. Und noch ist unvorstellbar, daß durch die Magistralen einmal nicht mehr der Wind pfeifen sollte. Da vieles, was jetzt entsteht, auch nur die Fortsetzung der alten Klotzbauweise ist, wenn auch mit perfekteren Mitteln. Und das immerhin Wiederaufgebaute oft auch nur in Richtung Fälschung tendiert. Weil alles, was unsere Zeit hervorbringt, mit dem Fluch der Perfektion beladen ist. Vorsicht Glättegefahr, möchte ich rufen. Vor dem immerhin wiederaufgebauten Taschenberpalais der Gräfin Cosel etwa; Hotel mit Industrieziegeldach nach Art der Fertigteilhäuser. Freilich mag es gerade die Puppenstubenhaftigkeit sein, die, ornamental aufgelockert, den Zeitgenossen historisch vorkommt. Weil die hier herrschende Glätte soweit verinnerlicht ist, daß sie auch zum Maß der Vergangenheit wird, die unsere wenig Bleibendes hervorbringende Gegenwart auf die Art für sich zu vereinnahmen sucht. Zumal die im Hotel nun ein und aus gehenden Flachaktentaschen sich auch mal historisch vorkommen wollen und schon von daher geneigt sind, jeden Industriedachziegel dem Nachlaß der Gräfin Cosel zuzuordnen.

IV. Der Verfasser jedenfalls befindet sich bereits auf dem nächsten Dampfer. Allerdings muß der neue, nun besonders schnittige »August der Starke« erst einmal die gleichermaßen schnittige »Gräfin Cosel« passieren. Der Stolz der Kölner Conti-Gruppe den Stolz der Kölner Conti-Gruppe. Da hat wohl der Designer das Schimpfwort Designer verdient.

»Arme Elbe«, sagt eine Frau.

»Wieso?« eine andere. »Das Schiff macht doch was her.«

»Wo hast denn du deinen Geschmack?«

»Was bloß die vielen Querstreben sollen?«

»Da wird das Ding abends zusammengeklappt.«

Immerhin hat die Schiffsdiskussion die Einheimischen an Bord zum Vorschein gebracht. Und ein besonders drastischer Sachse sagt, immer noch aufs Wasser starrend:

»Mitten off der Elbe ä Gewächshaustreffen.«

Nun aber abgelegt. Und wieder die Wiesen, selbst mitten in der Stadt. Sie gehören zu dem wenigen, was wirklich geblieben ist. Und hätten wir gleich den Westen gehabt, wäre manches gerettet worden, aber die Elbaue zubetoniert. Knapp vor den Albrechtschlössern ein rechteckiger, schmutzigweißer Plattenbau, der mir nun schon erstaunlich dürftig und ungefährlich vorkommt. Und doch als sogenanntes »Weißes Haus« weit über Dresden hinleuchtete – so daß in ihm die Staatssicherheit, gleichzeitig im verborgenen wimmelnd, auch optisch immer anwesend war mit ihren Dachantennen. Wieder sind die Berliner mit von der Partie. Und rufen sich die Namen der Orte »Loschwitz, Wachwitz... Kleinzschachwitz« zu, was sie recht witzig finden.

»Da oben wohnt der Biedenkopf!«

Der Ausruf wird sofort dementiert: »Nicht auf dem Weißen Hirsch. In Oberloschwitz drüben!« Nur daß er oben wohnt, bleibt unbestritten. Die Prominenz wohnt immer da oben, schon wegen der besseren Luft. Und wird da oben wohl bald wieder ziemlich unter sich sein. Schiller jedenfalls soll dort, im Körnerschen Weinberg, die »Ode an die Freude« gedichtet haben – und wenn er sich damit auch übernommen haben dürfte, so glaubt man ihm doch gern, daß er vom Elbhang aus die ganze Welt küssen wollte.

Hier, zwischen Loschwitz und Pillnitz, läßt sich anhand der Landschaft das eigentlich dresdnerische noch einmal ausführlich studieren: In der Balance, im Ausgleich, in den sanften Übergängen: Zwischen den Uferwiesen und Gärten, der lockeren Bebauung und den alten Elbdörfern unterhalb des Hangs. Dem Hang selbst, den Villentupfern dazwischen, Weinbergen, reichlich von Laubgeröll überschwemmt. Und zusätzlich von Licht verzittert.

Der Wachwitzer Fernsehturm freilich schon lange eine Bedrohungsröhre. Weil er die flach mitlaufenden Berge zum bloßen Sockel für seine Hohlheit degradiert und dem Vorüberfahrenden schon von weitem ausdruckslos entgegenstarrt.

»Wie grau die Häuser hier sind», sagt eine ältere Dame. Doch ihre Freundin tröstet sie: »Wenn du in ein paar Jahren wiederkommst, ist hier alles weiß.«

Ach, daß sie recht haben wird.

V. Nun aber, hinter Laubegast, hält das Schiff auf das Zwiebelturmkirchlein »Maria am Wasser« zu. Auf die Uferwiesenmauer davor, die den Friedhof vor Hochwasser bewahrt. Die Grabsteine, selber begraben von Grün; eines gewissen Hartknochs Grabstein etwa, auf dem als Berufsbezeichnung »Menschenfreund« steht.

»Da möchte ich mal liegen«, sagt neben mir der drastische Sachse.

»Donnerwetter, ich auch«, denke ich. Und trete von einem Bein auf das andere, so daß mir der drastische Sachse bedeutet, daß die Toilette unten sei. Muß aber gar nicht hinunter, sondern bin nur in Bewegung, weil mir mein vertrautes Kleinzschachwitz vom Schiff aus seltsam fremd vorkommt und alles genau angeschaut werden will, aber das Schiff an den Ufern gerade jetzt ausdrücklich vorüberzufliegen scheint und eigentlich stehenbleiben müßte, um wenigstens alles beim Namen zu nennen. Nur soviel: Unter der Uferböschung rechts eine Abwasserröhre. Die haben wir früher »Echo« genannt. Denn immer wenn wir da hinein die schwerwiegende Frage riefen: »Was haben die Weiber unter den Blusen?« – überlegte die Röhre nur kurz. »Busen«, rief sie – und irrte sich nie – aus ihrer dumpfigen Tiefe hervor. – Oder, nur ein paar Meter weiter, die schmale Uferstelle, wo die runden Steine flach ins Wasser gehen, da hat der Verfasser schwimmen gelernt; und wäre die Elbe wieder so sauber, daß er erneut darin schwimmen könnte, hätte die neuere deutsche Geschichte sich für ihn schon gelohnt.

Auf dem mit großen Steinen gepflasterten, ehemaligen Treidlerweg eine Frau mit Kinderwagen, die, runder Schneckenhut mit Feder, meine Mutter sein könnte. Und folglich der Lokkenkopf da, der, über die Steine hüpfend, einen Stoffhasen am Arm hinter sich her schlenkert, der Verfasser als Kind. So daß ich, wenn ich ihm winke, mir sozusagen selber zuwinke. Was allerdings mißlingt. Die beiden können schließlich nicht wissen, daß ich erwachsen geworden bin und neuerdings mit dem Dampfschiff ankomme.

Dann aber winken sie doch, weil alle an Deck, sogar die Berliner, zum Ufer hinüberwinken – denn Winken und Wiederwinken ist solcher Fahrten Sinn.

Reglos steht vor der großen Villa, wo jetzt die Managerschulungen sind, eine Gruppe Leute und schaut andächtig zu uns herüber. Und würden auch gern winken und wissen nur nicht wie. Denn Winken wird erst demnächst behandelt, wenn es um die verkaufsfördernden Maßnahmen geht.

Wir aber sind schon knapp vor der Fähre, und das Dampfschiff tutet zur Warnung, und nochmals weht Dampf übers Deck. Und rechts sehe ich die kleine, einem Zirkuswagen ähnelnde Bierbude, an der ich sonst immer stehe. Und die, trotz bayrischer Bierampeln zwischen den Birken, nun gleich etwas dürftiger aussieht, da ich schon seit heute früh unterwegs bin und aus der weiten Welt, das heißt aus Meißen, komme. Sehr viele Autos, Ausflüglerbetrieb; junihoch das Gras. Und ein Kerl hat ein Glas Bier mit in die Wiese genommen und liegt da im Gras auf dem Bauch und beugt sich über ein Mädchen, das leider aussieht wie du. Nur schmal ist sie und blond wie früher, von jugendlicher Helle durchschienen. Doch dieser Kerl, lachhaft bartlos und milchgesichtig, glaubt in seinem Alter dich mit dem Mund berühren zu dürfen. – Doch schon geht die Fahrt auf Schloß Pillnitz zu; pagodenartig geschwungene, das Licht in Kaskaden abwärtslenkende Kupferdächer. Zu Wasser gehende Treppe, sphinxviecherbewacht; europäischer Heiterkeitshöhepunkt. Und weiter fährt der Dampfer, Richtung Sächsische Schweiz. Dort extra die Bastei eingerichtet, um Besucher anzuziehen und das Gebirge zu schonen. Das unbedingt zu Dresden gehört, mit künstlichen Wasserfällen und napfkuchenartigen Bergen, plötzlichen Abgründen, darin mancher Tourist von Berliner schon verschwunden sein soll, bizarr geformten Felsennadeln, von diesem eigentümlichen sächsischen Humor.

Verfasser aber bereits in Pillnitz ausgestiegen, um zu Hause endlich einmal nach dem rechten zu sehn.

Das Leipziger Schreckensdenkmal

»Wollen Sie nicht auch mal was über Leipzig schreiben?«

»Warum nicht?«

»Worüber?«

»Über das Völkerschlachtdenkmal.«

Gerade zum Völkerschlachtdenkmal habe ich nie eine Beziehung gehabt. Zu Leipzig selbst schon eher, indem ich, weil Dresden keine Innenstadt hat, häufig gleich nach Leipzig fuhr, wenn ich in die Innenstadt wollte. Als Randbewohner also echter Dresdner bin, als Innenstädter aber Leipziger. Trotz der in Ostzeiten dort besonders ausgeprägten Unfreundlichkeit, vor allem von seiten der Verkäuferinnen, dieser Hammernich-Hyänen.

Nun also unterwegs zwecks Aufsatz über das Völkerschlachtdenkmal. Nicht kalt und regnerisch ist es wie im Oktober 1813, als sich hier eine halbe Million Soldaten gegenüberstanden, sondern es herrscht ein feiner, ganz Sachsen von fern umrändernder Nebel, auch geeignet, sich der teils in Kohlegruben versunkenen Leipziger Ebene zu nähern – wo mancher Dorfname an eine Schlacht erinnert und mancher Hügel ein Feldherrenhügel war und vor lauter Feldherren nicht einmal die Hügel ausgereicht haben sollen. Bis unerwarteterweise das erwartete Denkmal aus dem Nebel auftaucht. Patriotische Erinnerungsarbeit, verdichtet zu Stampfbeton, zusätzlich bewehrt mit Granit. Auf einer Böschung aus Leipziger Müll, der, im Verlauf von zehn Jahren extra hier aufgeschüttet, heute gewiß bedeutend schneller zusammenkäme. Und auch ohne Denkmal ein Denkmal unserer Zeit darstellte.

Das Völkerschlachtsdenkmal selbst zu betreten, habe ich stets zu vermeiden gewußt. Nur als Kind muß ich schon einmal drin gewesen sein: Eine vage Erinnerung an schräg in meine Seele hereindämmernde Schienbeine. Die, vermischt mit Uringeruch, mich damals sofort ahnen ließen, daß Schlimmes hier geschehen sein mußte, so daß ich das Denkmal gleich besser als seine Erbauer verstand und es auch später eher als Drohmonument empfand denn als ein Ruhmesdenkmal. Etwa wenn es spätabends in irgendeiner finsteren Leipziger Straße, als schwarzer Koloß hochoben mit lächerlich kleiner Lampe bestückt, hinter mir her zu blaken und zu nölen schien. Oder ein anderes Mal, als ich nebenan auf dem Friedhof zu einem Begräbnis eingeladen war, jedoch das Grab nicht finden konnte und auch keine Trauergäste und die endlosen Gräberreihen entlangzurennen begann – tauchte das Schreckensdenkmal nach jeder Kehre erneut vor mir auf, ja, schien mich ausdrücklich zu beobachten mit meinem Begräbnisblumenstrauß und sehr zu mißbilligen, daß ich niemals pünktlich war, nicht einmal zu Begräbnissen.

Auch heute scheint das Monument von meiner Anwesenheit nicht gerade begeistert zu sein. Ein riesiger Wasserturm, von der Industrieschwärze dieses grölenden Jahrhunderts bedeckt. Die brückenbogenartigen Fenster an jeder Seite durchrauscht von eiserner, wilhelminischer Zeit. Und von hunderten Flügeln städtischer Möwen umflattert. Inmitten großer Kahlheit, mit einer Kampfbahn ringsum. Und streng gemähten Rasenflächen, durch die unsere Gegenwart ihren gänseblümchenfeindlichen Beitrag leisten zu müssen glaubt. Und als wäre dieses Hauptwerk von Professor Schmitz nicht einmal auf der Welt genug, erscheint es ein zweites Mal in einem Wasserbecken davor.

»Bestimmt der Styx«, denke ich.

»Die Tränen der Hinterbliebenen«, sagt eine Reiseleiterin

zu ihrer Reisegruppe, lauter älteren Leutchen, die offensichtlich freiwillig hier sind. Und ich bewundere einen kleinen Jungen, der ungerührt sein Boot durch die Tränen der Hinterbliebenen tuckern läßt.

»Da droben bin ich auch gewesen«, sagt ein alter Herr versonnen. Und wirklich sind da droben die winzigrunden Köpfe noch aktiver Menschheit zu sehen. Und darunter, wie festgebunden, jeweils mit dem Rücken zum Stein, rings um die Kuppel gereiht, graue Riesengestalten, Hand auf das Schwert gelegt.

»Freiheitswächter«, lese ich.

»Friedenswächter«, erläutert die Stadtführerin: »Sie müssen geschlafen haben. Nur ein Jahr, nachdem das Denkmal vollendet war, hat der Erste Weltkrieg begonnen. Und auch den Zweiten Weltkrieg haben sie nicht verhindern können.«

Die alten Leutchen nicken. Sollten sie sich wirklich noch an einen dieser Weltkriege erinnern?

»Fotografiere mich mal.«

»Sollen die Beine mit drauf?«

»Nein, die Brille genügt.« –

Tatsächlich kam das Denkmal, eingeweiht als »Ruhmesmal für die Helden der Befreiungskriege«, hundert Jahre zu spät. Und die Knochen der Gefallenen waren, wie der Bericht eines Fabrikanten zeigt, längst bei Lützschena zu Düngemitteln verarbeitet worden und für die Seifensiederei bis nach England exportiert. – Doch gerade indem das Denkmal zu spät kam, kam es früh genug für die nächsten Kriege. Und stellt als Ausdruck granitbewehrter Kraftmeierei eine Kriegsursache gleich an sich selber dar. Durch seinen Absolutheitsanspruch noch mit den Ehrenmalen des sog. Sozialismus verwandt. Bis in die scharfkantig naturalistische Formensprache hinein. Nicht umsonst wurde das Leipziger Wahrzeichen auch in der DDR für Feierstunden genutzt.

»Guck mal, ein Totenkopf.«

Auf das Denkmal zuzugehen heißt, sich seiner Häßlichkeit zu nähern. Und Schritt für Schritt festzustellen, daß das Häßliche auch etwas Anziehendes hat.

Am Fuß der Pyramide ein Relief: Wagenräder, ein Pferd, halbversunken, ein Toter, Gesicht nach unten, mit sehr gerader Nase der Vergänglichkeit hingegeben. Und neben ihm wächst eine Birke, und aus seiner Seite Moos. (Bitte nicht entfernen, verehrter Ordnungsdienst. Gerade wer tot ist, braucht etwas Lebendiges.) – Freilich, das Ganze geharnischt zentriert: Erzengel Michael; nicht unbedingt ein teutonisches Wesen, doch unbedingt verdeutlichend, was teutonisches Wesen aus einem Engel zu machen vermag. Allein die Horpelnase, von deren Buckelung noch jeder Schwerthieb abrutschen würde.

Führung durchs Innre; Musik. Nicht wie erwartet Wagner, sondern eine Mozartmesse. Trotzdem ungeheurer Widerhall: 1945 sich hier noch verschanzt haltende Soldaten sollen, bei Granatenbeschuß, wegen Ohrenschmerzen zur Aufgabe gezwungen gewesen sein – das Siegesdenkmal als Ort der Niederlage. – Nun aber die Stimme des Denkmalerklärers. »Schicksalsmasken, die von je zwei Kameraden bewacht das Sterben versinnbildlichen, was man an den brechenden Augen erkennt, welche sich im Todeskampfe schließen« –, sagt er, und oben aus der Ruhmeshalle schimmern mir die Schrekkensschienbeine meiner Kindheit entgegen. Als Bestandteil von Kolossalfiguren, die auf ihre muskulöse Art je eine Tugend darstellen. Wobei der »Große Zeh der Volkskraft« laut Denkmalserklärer »eine Länge von 75 cm aufweist«. – Unauffindbar allerdings der Uringeruch. Vielleicht nur eine Einbildung gewesen. Dafür nun auch hier der allgegenwärtige Kaugummigeruch dieser mit den Zähnen das Nichts traktierenden Gegenwart. Gleichwohl werden die Köpfe andächtig gehoben. Denn das ist der Sinn der Übung. Sich, zwischen Kolossalfiguren selber verkleinert, unter ein Größeres zu stellen. Mit ein wenig geöffnetem Mund, um einmal nicht Kaugummi kauen zu müssen. Hier, im Allerhäßlichsten des Häßlichkeitstempels, in dem der Denkmalsführer als Geistlicher fungiert. Mit leiernder Stimme das große Raunen anruft, um es zu preisen mit Superlativen, denn siehe, seine Bauzeit währte 15 Jahre lang und sein Gewicht ist mit 300 000 Tonnen gewogen.

Doch während ich noch überlege, wieviel Spiegeleier auf dem Knie der Tapferkeit gebraten werden könnten, hebe auch ich den Blick in Richtung Kuppel. Öffne gleichfalls den Mund, als wäre durch die Mundöffnung ein Stück meines Selbst entflohen, und schaue den in der Kuppel auf Pferden heimkehrenden Siegern nach; fast lebensgroß da oben, doch von hier unten aus ganz klein. Ob mir das Denkmal besser gefällt, als ich zugeben will? Ist selbst in meiner aufgeklärten Person ein teutonischer Rest, ein Hang, sich unterzuordnen, wenn nur die Hierarchien wieder einmal klargestellt sind? Oder ist es einfach die anheimelnde Begegnung mit der eigenen Kinderangst; ein im Inneren leise nachschwingendes Omm?

Trotzdem froh, wieder draußen zu sein. Müde; wie die Steinfiguren: die, von Trauer gefangen, gefallen schienen in einen tiefen, barbarossahaften Schlaf. – Freilich, wenn sie erwachten ... doch gerade ihre Zurückhaltung hat das Denkmal weiter benutzbar gemacht – trotz und wegen seiner Bunkerhaftigkeit. Und selbst heute kommt es dem Maler Mattheuer »überwältigend« vor, so daß er es in ein Denkmal für alle Opfer umwandeln möchte, da Opfer und Täter ohnehin kaum zu unterscheiden seien; ein für uns Deutsche recht angenehmer Gedanke. Und der Schriftsteller Loest möchte den Klotz erst einmal gereinigt haben; hell und sauber, damit es wieder ein »schöner Klotz« wird, um ihn zu einem »europäischen Friedensdenkmal« umzufunktionieren. Nur daß vorher jemand hinaufsteigen müßte, den riesigen Schwertgestalten zu sagen, daß sie jetzt nicht mehr nur Deutschland, sondern die Festung Europa bewachen. – Auch avantgardistische Vorschläge gibt es, so den einer kreisenden Leuchtröhrenfahne, gut passend zu dem um sich selbst rotierenden Reklamezeitgeist. Nur der Vorschlag für ein Denkmal der deutschen Wiedervereinigung fehlt. Dabei gibt es gerade für diese Immobilie keine Rückführungsansprüche, so daß hier einmal Einigkeit zelebriert und der Gesichtsausdruck der Figuren, passend zur jetzigen, eher gedämpften Stimmung, als Ausdruck postkoitaler Trauer betrachtet werden könnte.

»Auf den Eiffelturm fährt wenigstens ein Lift.«

Der Aufstieg über fünfhundert Stufen setzt in der Wendeltreppenröhre den Vorgang der Selbstverkleinerung fort. Allerdings unmerklich, da es in der Röhre immer enger wird und von innen die Wade eines außen stehenden Wächters passiert werden muß, so daß die eigenen Maße sogar zuzunehmen scheinen.

»Mutti, warum kommst du nicht?«

»Ich glaube, ich stecke fest.«

Obwohl selber keuchend, betrachte ich mit Genugtuung, wie sich die gehensungewohnte Menschheit sofort als leidend erweist, wenn sie sich selber fortbewegen muß. Auf der Plattform oben jeweils mit einem tiefen Seufzer erscheint und molchartig um sich blickt.

»Da drüben steht unser Auto.«

»Tatsächlich.«

»Da hätten wir ja viel näher heranfahren können.«

Im Nebel ein Schuß.

»Kanonen.«

»Was für Kanonen?«

»Von der Völkerschlacht.«

»Welcher Völkerschlacht?«

»Die jedes Jahr hier stattfindet.« –

Ein grünes, grünes Feld. Grüppchen in bunten Uniformen, gleichmäßig verteilt. Sogenannte Freizeitsoldaten, teils aus ganz Europa, teils aus Finsterwalde kommend: Aufrecht und regungslos, im Flintengeballer und Kanonenschießen. Standhafter noch als Zinnsoldaten. Bis hier und da dann doch jemand vorgeht, sonderbar storchenartig. Oder gar zu rennen anfängt, was ausgesprochen hölzern aussieht, unter dem hohen Hut. Als sollte die Historizität des Gerennes mit verlebendigt werden. Nur manchmal fällt jemand um, steht aber gleich wieder auf, was zu begrüßen ist. Und eine Soldatengruppe, die »nur mal schnell herüberkommen« soll, bleibt stehen und gibt fröhlich Bescheid, jetzt »leider tot« zu sein. Drüben brennt es übrigens, im »Französischen Dorf«. Vor dem besonders schießwütige Sachsen stehen. Die bekanntlich so ziemlich als einzige unter den Deutschen fast bis zuletzt auf Napoleonischer Seite mitgekämpft haben; als Sachsen Besatzer in Sachsen waren, was ihnen erst einmal einer nachmachen soll. »Vive l'Emperieur«, rufen die Franzosen aus Finsterwalde, was, so der Sprecher, nicht »wieviel Ampere« heißt, sondern »es lebe der Kaiser«. Sehr viel Pulverdampf. Auch ein Grund, weshalb die Soldaten derartig bunt herausstaffiert sind: Damit im Qualm der Richtige stets den Richtigen erschießt. – Ich aber versuche, durch Ohrenzuhalten von der Schlacht Urlaub zu nehmen.

»Was is'n mit dem Onkel los?«

»Sicher ä Sensibelchen.«

Der Sprecher bittet darum, die Bilder zu genießen, aber den ernsten Hintergrund nicht zu vergessen. Ein Kind schreit und läuft blau an im Kanonendonnern, so daß es vom Schlachtfeld getragen werden muß; das einzige Wesen, dem es wirklich gelang, den ernsten Hintergrund nicht zu vergessen.

Zum Schluß dürfen alle noch auf das Schlachtfeld laufen, zum brennenden Gehöft hinüber. Aus der Nähe sehen nicht nur die Soldaten aus Finsterwalde erstaunlich naturgetreu aus. Dieselben schnapsgeröteten Wangen, wie ich sie auf zeitgenössischen Gemälden gesehen habe, dieselben Glubschaugen. Und ich hatte die Theorie, daß jede Zeit eigentlich ihre eigenen Gesichtsnormen hervorbringen würde. Oder handelt es sich hier etwa um Seelenwanderung? Sind diese armen Kerls vielleicht schon damals dabeigewesen? Und müssen nun jedes Jahr beim »Zweckverband Südliches Schlachtfeld Völkerschlacht 1813« für lebendige Geschichtsdarstellung sorgen? Im Biwak vor dem Zelt auf einem Klappstuhl sitzen und sich das Bier extra aus einer Neuzeitbierbüchse in einen Zinnbecher umgießen? Oder mit bravem Bierhumpengesicht an einer doch eigentlich nichtswürdigen Grillbude stehn? In der rotweißen, sächsischen Verliereruniform? Um nun mitansehen zu müssen, wie die eigene Truppe schwankend abmarschiert, obwohl man für jeden der Jungs soeben ein Bier bestellt hat, nun aber alles ganz alleine austrinken muß.

»Ich komme mit dem Auto nach!«

Auch ich habe mich der Grillbude genähert, ein bißchen schüchtern, wegen der bekannten Bösartigkeit des hiesigen Personals. Aber die Dirndlfrau reicht mir das Gewünschte mit jenem wohl aus dem Fernsehen erlernten, marketenderisch-wissenden Blick:

»Eine wunderschöne Bratwurst, dem Herrn.«

Spät noch über den Friedhof, am Denkmal vorbei. Das, vorn schlohweiß angestrahlt, mit seiner dunklen Seite um so finsterer durch die Bäume hereinschaut, über die in der Dämmerung verharrenden Grabsteine hinweg: selber ein Grabmonument, ein Weltkriegsleichenstein. Nur eben keinem zumutbar als trauerndes Totengedenken, weder den Toten noch den Lebenden. Da aber kein Denkmal häßlich genug sein kann, dieses Jahrhundert auszudrücken, wird gerade dieses Denkmal diesem Jahrhundert besonders gerecht. Und muß als Denkmal unter Denkmalschutz stehen. Bleiben wie es ist, in seiner Industriefinsternis. Als steingewordene Lüge vor neuen Lügen bewahrt.

Noch einen Blick zurück, um nicht gleich wieder zu kommen. Das Friedhoftor freilich verschlossen. Irre umher, einen Ausgang zu finden. Immer in der Furcht, mit diesem Ofen von Denkmal die Nacht zwischen den Gräbern verbringen zu müssen. Kurz, brauche erstaunlich lange, um auf die Idee zu kommen, einfach über den Zaun zu klettern und meiner Wege zu gehen.

Die Spreewaldloreley
Ein Bierdeckelrekonstruktionsversuch

I. Gefragt, woran ich arbeite, sage ich meist gleich: an einem Deutschland-Roman. Unmöglich zuzugeben, daß ich seit Wochen vergeblich einen Aufsatz über den Spreewald zu schreiben versuche. Gerade ein Spreewaldschriftsteller ist ja das Unterste. Zumal ich vom Spreewald keine Ahnung habe. Den Sommer vorübergehen lasse und den halben Herbst, eh ich mich eines Abends von Dresden auf die Berliner Autobahn mache, um vor Ort zu übernachten und am nächsten Tag wenigstens einen Blick auf die besagte Gegend zu werfen.

Was ist in meinem Kopf hinter der Windschutzscheibe? Da mir die Autobahn im Regen wie eine Wasserstraße vorkommt? Und sich mir unwillkürlich das Gesicht verknautscht?

Natürlich die Spreewaldgurke. Vom Vater stets mit dem Satz quittiert: »Die zieht einem ja alle Löcher zusammen.« Wogegen der Spreewälder Meerrettich einem, »na komm, Kind, koste mal«, gleich bis in die Hirnkammer fuhr. Und unter väterlichem Gelächter, »der hat's in sich, nicht wahr?«, die Tränen in die Augen trieb. Wie später das Ostfernsehn, wenn wieder Volkstanz war. Und trachtenrockverstärkte Hüften, hin- und herbewegt, die freie Entfaltung der Sorben im Sozialismus darstellten; und die rings um den Spreewald hin aufgestellten Kraftwerkschlote, mattscheibenverfinsternd, das Land auf seiner unaufhaltsamen Fahrt in den Kommunismus hinüber.

So wohl bei Einfahrt in Lübbenau nicht zufällig zwischen Wohnblocks geraten. In die Straße der Jugend, die Straße des Friedens, die Straße des Aufbaus – Orte, die ehrlicherweise das melancholische Odium des Untergangs bewahren. Dann leere Großparkplätze; ein Hotel, ein Café, schon westlich angehübscht. Auf den erleuchteten Speisekarten davor die 20-Mark-Grenze bereits überschritten, was auf einigen Zuspruch schließen läßt. Auch hier die Praxis ablesbar, die jeweiligen Gerichte nach der jeweiligen Gegend zu nennen, um wenigstens dem Namen nach etwas Spezielles zu bieten. Doch immerhin, Kartoffel und Quark mit Leinöl auch dabei. Den in der Limousine Vorgefahrenen an die einstige Einfachheit hier erinnernd, die zur sprichwörtlichen Gesundheit der Spreewälder führte; dazu, daß die Spreewälderinnen als Spreewaldammen weltberühmt wurden, jedoch, wie berichtet wird, die Spreewaldsäuglinge oft mit Quetschkartoffeln vorliebnehmen mußten.

Imbiß am Damm. An der Wand alte Photos: Ein Kahn gefüllt mit Gurken, die längst gegessen sind. Doch prall und grüngemasert viel gegenwärtiger als Gegenwartsgurken. – Das »Gasthaus zum grünen Strand der Spree« – geschwungener Gartentorbogen, um Arm in Arm hindurchzugehen und gutangezogen zu sein und unter dunklem Bäumegrün hinter hohen Gläsern zu sitzen, während draußen ein Pferdegespann vorbeitrappelt und unten die Kähne abfahren. – Dann, in Perlmutt eingelegt, die »Wotschofska«, ein hölzernes Waldgasthaus. Davor Zylinderpersönlichkeiten und, verkleinert wie in Bedeutungsperspektive, das Dienstpersonal und die Kinder. Doch vorn im Kahn ein Kerl, der, Stange in der Hand, stechend herüberblickt und sicherlich beim Ausflüglertransport die Internationale pfiff.

Gleich bei meinem Eintritt der Mann am Stehtisch verstummt. Anstatt mir ein Bier zu bringen, nimmt mir der Wirt den Bierdeckel weg und bringt mir einen anderen, der auch nicht anders aussieht als der Vorgängerdeckel.

Ob mir das bekannt vorkäme?

Unter die Nase wird mir ein Zettel gehalten. Auf dem das Wort »Konsum« steht und zwei Flaschen Milch, ein Brot und fünf Brötchen Einemarkneunundsiebzig kosten.

»Nu freilich«, sage ich und habe mich damit als Ostler legitimiert, so daß ich zwar endlich mein Bier bekomme, aber das Glas wieder weggenommen, weil, wer hier aufgewachsen ist, auch aus der Flasche trinken kann. Und sich auch den Witz anhören, der aus touristischer Rücksichtnahme unterbrochen worden war; kein politischer, leider, Politische ausgestorben, da alles ist, wie es ist; das heißt, nur von jener Sorte, die, gesichtsverknautschend und Tränen-in-die-Augen-treibend, in sich die Wirkung von Gurke und Meerrettich vereinen.

Auf einem vierten Photo: Ein Haufen Heu, auf Kähnen ruhend, in feingesträhnter Wasserstille um eine Waldwand einwärtsbiegend. Worauf ich beschließe, mich mit diesem Anblick zu begnügen und gleich wieder nach Hause zu fahren, da mir der Spreewald wohl nicht noch einmal so unmittelbar begegnen wird wie hier an der Imbißwand.

»In dem Haus stehen wir jetzt«, sagt der Wirt, auf ein weiteres Bild deutend. – »Und wo ist das Wasser davor?« – »Zugeschüttet. War ein Naturflies gewesen.« – Wie überhaupt in der Vorstadt die Gräben schon vor über hundert Jahren der deutschen Hauptbeschäftigung, dem Zuschütten, zum Opfer fielen. Und der Erlenbruchwald den Baumrabatten. Das Niedersorbisch dem Anpassungsdruck. – »Meist nur Kleinigkeiten, die sowieso keiner merkt«, setzt der Wirt hinzu und kommt auf die hiesigen Misthaufen zu sprechen. »Geflochten, noch zu Honeckers Zeiten! Fast in jedem Hof; richtige Kunstwerke, ja.« – Ob ich über den Spreewald schriebe? –

»Wie kommen Sie denn darauf?«

»Das sieht man Ihnen doch an.«

»Was?«

»Daß Sie keine Ahnung haben.«

»Wovon?«

»Vom Spreewald natürlich.«

»Ist das weiter schlimm?«

»Im Gegenteil. Eine Voraussetzung. Den Spreewald gibt's nicht mehr, junger Mann.«

Ob ich wenigstens schon mal Kahn gefahren wäre?

Ich verneine wahrheitsgemäß.

»Deine Karte, Werner« – doch Werner ist eingeschlafen und kann, geweckt, die Karte nicht finden, so daß er mir seinen Werner auf meinen Bierdeckel schreibt. – »Morgen früh am großen Hafen«, ruft mir der Wirt noch nach.

II. Tatsächlich schon früh auf der Matte. Mit brummigem Schädel, dank weiterer Kneipenbesuche. Im Müller-Jäger etwa, der, mit braunem Mobiliar und Geweih an den Wänden, noch nicht verdorben war durch den üblichen Baumarktbarock. Wie auch die Miene des Wirts von anbiedernden Gesichtsklimmzügen unangefochten blieb. Und ob auch der Leinölquark, wenn schon nicht mit Liebe, so doch mit etwas Salz hätte angerichtet sein können, nahm ich mir vor, den Müller-Jäger in meinem Aufsatz lobend zu erwähnen, um ihn zu weiterem Widerstand zu ermuntern. – Im Café Fontane hingegen sitzt der Mensch auf weißen Stühlen zwischen Kürbissen und geschmackvoll angeordneten Trockenblumensträußen schon nicht mehr nur in Lübbenau, sondern überall in Deutschland. Und die schicke Trachtenpuppe würde selbst in New York akzeptiert. Wie wohl überhaupt dort mehr diejenigen saßen, die den Osten schon ein bißchen hinter sich gelassen hatten. Durchaus kennerisch ihre Bestellungen aufgaben und oft auch schon etwas anderes tranken als die anderen; mit einer Selbstverständlichkeit, als wäre am Rand der Braunkohlegruben schon immer französischer Rotwein geflossen. Freilich, noch immer kannte jeder jeden hier. Und zwischen den Tischen herrschte ein fröhliches Hin und Her, an dem selbst ich, der Spreewaldfremdkörper, ohne weiteres teilnehmen durfte, indem wer einen ausgab, nicht einmal mich vergaß, so daß ich mehrere Biere gleichzeitig vor mir versammeln konnte. Und mir der Wirt noch gratis einen Urahn hinstellte. Worauf ich beschloß, auch das Café Fontane lobend zu erwähnen, um gegenüber der neuen Zeit ausnahmsweise einmal nicht undankbar gewesen zu sein.

Wo ich auch hinkam, vom Spreewald die Rede. Vermutlich weil die Leute hier den Leuten dauernd den Spreewald erklären und gar nicht mehr damit aufhören können, nicht einmal abends beim Bier, kurz, sich, wenn keine Leute da sind, den Spreewald gleich selber erklären. – Eine Begeisterung für die eigene Gegend, die mir im Osten überall aufgefallen ist. Denn das hat man hier rasch gelernt, daß es nun darauf ankommt, von sich möglichst begeistert zu sein. – Natürlich auch Nachholbedarf nach vierzig Vereinheitlichungsjahren. Das Regionale ein Halt im nun viel größeren Deutschland; Vertrautheit in sonst ausgewechselter Wirklichkeit. Und doch auch Bestandteil der laufenden Verdummungsprozesse. Da nun, was hier geschieht, immer nur hier geschieht. Und wenn schon nebenan, so doch außerhalb des eigenen Betroffenheitsbereiches. So kommt der Regionalismus paradoxerweise der Nivellierung entgegen, bis von der eigenen Gegend nur noch ein Etikett übrigbleibt, das sich die geleimten Ostler auch noch mit Begeisterung an die Stirnen heften.

»Wir sind schon in der Eiszeit entstanden«, betonte ein graugelbbärtiger Hüne – »aus einem Urstromtal, in dem das Schmelzwasser abfloß. Und stehen jetzt direkt unter dem Schutz der Vereinten Nationen, als Biosphärenreservat; dreihundert Kanäle, mein Lieber, fast 1000 km lang!« – Verirren könne man sich da. – Sogar ihm sei das passiert, als umgestürzte Bäume die Fliese unpassierbar machten, setzte ein biberzähniger Skatspieler hinzu; von den umsitzenden Spreewaldfachleuten hierfür ein wenig schief angesehen. – »Das Herz des Spreewalds ist hier«, rief der Spreewaldriese. »Nur hier wird noch von Hand gestakt!« – Ob ich schon Kahn gefahren wäre?

Ich verneinte wahrheitsgemäß.

»Deine Karte, Frank.«

Frank fand die Karte sofort. – Woher, fragte ich ihn beiläufig, seine Gäste so kämen? – »Von überallher«, sagte er. – Und ob es da irgendwelche Unterschiede gäbe? – »Eigentlich nicht. Die meisten wollen bloß durchgeschleust werden.« – Wo ich denn eigentlich herkäme?

»Aus Stuttgart«, sagte ich.

»Das haben wir uns gleich gedacht«, rief der Spreewaldhüne. Aber man habe hier keine Berührungsängste.

Ich trank meinen Urahn aus. – Ausgerechnet mich für einen von drüben zu halten. – Bloß hinaus, über den Marktplatz, den der Wanderweg Ostsee-Böhmerwald-Mittelmeer kreuzte. In eine Seitengasse, wo ich in einem niedrigen Haus durchs Fenster eine nackte Frau sich ihre Zähne putzen sah. Und beschloß, wenigstens morgen früh nach Hause zu fahren, da mir der Spreewald gewiß nicht noch einmal so unmittelbar begegnen würde wie hier beim Zähneputzen. – Schlief im Müller-Jäger, in einer Matratzenkuhle, die von der Tätigkeit manches Spreewaldvorgängers sprach.

III. Halte am Morgen also auf meine Limousine zu. Vor Abfahrt nur noch einen Blick auf den Großen Hafen werfend, wo unterhalb der Imbißbudenfront an hölzernen Stegen und Abfahrtszeitpfosten die Kahnfährleute warten. Und andere hereingestakt kommen, denn Arbeit ist rar in der Gegend und jeder einbiegende Autobus eine willkommene Beute. Und während die Ankömmlinge oben in loser Gruppierung auf die Imbißfront zuschreiten, werden ihre Vorgänger unten, bei vorsorglicher Sitzkissenverteilung und kreischend kommentierter Kahnschräglage, auf hölzernen Bänken plaziert, um sich – soeben noch mit Höchstgeschwindigkeit über die Autobahn herangebraust – nun, mit dem Hintern knapp über dem undurchsichtigen, teils eine Tiefe von fünfzig Zentimetern erreichendem Wasser – langsam und in aller Stille, das heißt, gegen jede Gewohnheit vollkommen ratterlos, unter einer Hängeweide hindurch aus dem Hafen staken zu lassen. Vor sich je einen Tisch, insofern, wie ich gestern hörte, seit der Wende 1989 generell Tischkähne zum Einsatz kämen. Und auf fröhlichbunten Tischdecken je eine Blumenvase steht. Und ein Körbchen mit kleinen Flaschen, die Feigling oder Küstennebel heißen. Allerdings, wie ich gestern hörte, seit der Wende 1989 generell an Bord auch Sekt erhältlich ist. Und während sich die einen durch die »Bänke« genannten Holzbrücken entfernen, beginnen ihre Nachfolger unter kreischend kommentierter Kahnschräglage ihrerseits einen Tischkahn zu entern: »Nein, du steigst mir nicht mit ein, dann saufen wir ja sofort ab.« – Um bald ebenfalls abzulegen, von der Fährfrau ermahnt, im Fall eines Kahnuntergangs nicht in Panik zu verfallen, sondern regungslos auf dem Grund sitzen zu bleiben, bis die Rettungsmannschaften kämen. Und die Fährfrau reißt einen Küstennebel hoch, und alle singen »So ein Tag so wunderschön wie heute«. – Ich aber habe Schwierigkeiten, vom Ufer aus, nach Gewohnheit, die Bevölkerung in Ost und West zu unterteilen. Mache daher die Winkprobe. Um aus der Art des Wiederwinkens Rückschlüsse zu ziehen. Vielleicht daß sich der Ostkahn noch eine Spur kollektiver äußert. Und der Westkahn selbstbewußter, doch jeder mehr für sich. – Habe allerdings plötzlich selbst Schwierigkeiten, in der zähen Luft die Hand gehörig flattern zu lassen. Doch Winken wird ohnehin falsch verstanden: »Da will noch einer mit.« Und wirklich hält ein Kahn auf mich zu, so daß ich die Flucht ergreife und mich dabei mehrmals umdrehe hinter der

Imbißfront, denn vielleicht staken sie seit der Wende 1989 generell auch über Land.

»Wohin, junger Mann?«

»Nach Hause.«

Vor mir eine hornbrillige Frau. Die auf dem Kopf ein gefälteltes, nach rechts und links besonders weit ausladendes Tuchsystem trägt, die Burger Trachtenhaube. Die mit dem Anwachsen des Fremdenverkehrs, bis in die dreißiger Jahre hinein, immer ausladender geworden sein soll und im vor mir stehenden Fall Sofakissengröße erreichte. Als Spreewaldwerbeträger an ein auf dem Kopf tragbares Gestell zum Wäschetrocknen erinnert, doch ihrer Trägerin auch etwas Mütterliches, ja Mythisches gibt. Spitzenbesetzt und blumenbestickt an eine Fruchtbarkeitsgöttin denken läßt, die, siehe Spreewaldamme, bei den Sorben Ciza hieß.

»Sind Sie schon Kahn gefahren?« fragt mich die Kopfflüglerin.

Ich nicke und werde dennoch durchschaut. – »Junger Mann! Für eine Kahnfahrt ist immer noch Zeit.« Und schon holt sie aus ihrem Rocktaschensystem ein Sprechgerät hervor und kündigt meine Ankunft unten am Wasser an.

IV. So sitz ich im Kahn gefangen. Zwischen meist älteren Leutchen, wohl eine Rentnerausfahrt. So daß ich fast neidisch bin auf den Vorgängerkahn, wo sie wieder greulich singen. Uns aber weist unser Fährmann stakend auf eine Wiese hin, auf der ein paar Heuschober stehen. Zwiebelförmig, mit Stange oben aus. Und unten inwendig hohl, damit das Heu trocken bleibt. Doch wackele die Stange oben, sei unten der Schober besetzt. Ob jemand nachsehen wolle, ob noch ein Plätzchen frei sei? »Zu spät«, sagt eine der Mitrentnerinnen und schaut auf ihren Mann. Der früh erst einmal Zeitung läse und dann den ganzen Tag. Doch der Mann behält ungerührt die Ufergegend im Auge und entlarvt einige dort aufgestellte Heuwendmaschinen als typischen DDR-Schrott.

»Prost«, sagte der Fährmann und hebt einen Küstennebel.

»Prost«, sagen wir auf den Bänken, doch keiner trinkt mit, so daß er den Küstennebel wieder verschwinden läßt und lieber einen Schluck aus der Flasche zu seinen Füßen nimmt.

»Sie kommen wohl von weit her?«

Die Mitrentner nicken. Und ich beeile mich, ihn nach den Spreewaldgurken zu fragen und dabei anklingen zu lassen, wie knapp die Dinger früher hier waren, um nicht von so weit her wie die Mitrentner gekommen zu sein.

Zur Gurkenfrage käme er noch. Habe für jedes Thema einen extra Baum, damit er, wenn er betütelt wäre, nicht zweimal dasselbe sage, denn dann lachten die Leute. – Mit diesen Worten stakt er zu einem nächsten Baum und führt uns die Stange vor, mit der er das Staken vollführt: Stählern gegabelt, würde sie »Rudel« genannt, sagt der Rudelschwinger. Der schon manchen Kaiser überlebt haben und um einiges älter sein will als der derzeitige, der freilich in diesem Alter auch längst nach Hause fernsehn geschickt worden wäre, in einem anderen Beruf.

»Euer Honecker ist ja noch viel älter gewesen als unser Bundeskanzler.« – Eine leise Empörung zittert über dem Wasser. Und jeder im Kahn verspürt, wie dicht wir beieinandersitzen bei unserem deutsch-deutschen Gespräch:

»Das war nicht unser Honecker. Aber nun sitzen wir ja alle in einem Boot.«

Vor uns ein Rufen, als wollte jemand mit.

»Das Boot ist voll«, sagt der Zeitungsleser humorvoll in Richtung Gebüsch. Dahinter wirklich Personen stehen und flehentlich mit Gurkengläsern und Zwiebelzöpfen hantieren, und gleich hält der Kapitän auf sie zu und überläßt ihnen auch noch freiwillig die Befestigungskette.

»Wir sind doch grad erst losgefahren«, sagt eine Omi richtig. Nimmt dann aber auch eine Fettschnitte, wogegen ich mir eine Gurke auf den Pappteller legen lasse. Und zum Abschied bekommt der Rudelschwinger ein Gläschen Honig zugesteckt, zum Dank, weil er uns den Uferpiraten ausgeliefert hat.

Im Weiterstaken freilich bald wieder Ufergebrüll. Das beim Näherkommen durchaus gesanglich intendiert erscheint. Der Fährmann dieses Mal aber nicht darauf zuhält, sondern immer rascher stakt. So daß unser Tischkahn direkt auf ein hölzernes Hochgestell zufliegt, darauf ein leuchtendbehostes Frauenzimmer steht. Und uns mit unter dem Laubgewölbe gellend widerhallenden Schreien ersucht, sie sofort anzuschauen und bitte recht freundlich zu sein. Obwohl sich unsere Köpfe ihr ohnehin vor Verblüffung zuwenden – merkwürdig auf den Rümpfen verdreht. Worauf sich die schockfarben Behoste mit knapper Handbewegung durchs buntgefärbte Kurzhaar fährt und dreimal deutlich blitzt. Und als wir schon vorüber sind, eine lange Stange nimmt. Und die lange Stange hinter uns her reckt. Und mir damit vor dem Gesicht herumfuchtelt: »Greifen Sie zu, junger Mann!« – »Die Tickets für Ihr Erinnerungsphoto!« ruft die Entschwindende noch. – »Ja, die Spreewaldloreley«, kommentiert der Rudelschwinger. »Ihr ist noch keiner entgangen. Als Rumpf nimmt sie immer denselben, aber den Kopf macht sie neu. Und falls wir hier untergehen sollten, schickt sie das Erinnerungsbild gleich an die Angehörigen, natürlich mit Trauerrand.«

Hintereinander gegen das Wasser ausfahrende Luftwurzeln. Einwärtshängende Laubkaskaden, die, in sich gestaffelt, den Blick auf andere Laubkaskaden freigeben. Ein Flies, das, sich verbreiternd, in ein andres fließt, doch was heißt hier fließt: dicht neben dem andern in dem anderen ruht. Da wir mit leisen Plätschergeräuschen daran vorübergleiten, in dieser anachronistischen Fortbewegungsweise, selber Insassen eines

Museums über vergangenes Ausflüglerwesen. Eines Phantasialands vom Jahrhundertanfang, als für die Kulissen noch Natur Verwendung fand: Ein Einzelzweig mit plastisch hintereinander aufgereihten Blättern sich schwebend vorüberdreht und rote Fliegenpilze schon etwas künstlich dreinblikken. Überhaupt unklar ist, wer hier eigentlich wen anschaut und ob es nicht vielmehr die gelben Einzelblätter sind, die hinter uns her staunen, oder die giftigen Fliegenpilze, die alle drei Minuten eine erstaunlich gealterte Menschheit auf einer Gartenbankbarke an sich vorübergleiten sehen. – Aus einem Seitenflies stößt ein weiterer Rentnerkahn auf das Hauptflies zu. Und die dortige Rudelschwingerin erklärt unseren Nachfolgerentnern, daß sie sorbisch nutzlos fände, weil wir ja nun sowieso alle zusammenwüchsen. – Nein, sie könne das Ostgejammer nicht mehr hören; wer zupacken wolle, käme zurecht, betont sie, und ihre Meinung wird bis in unseren Kahn herüber freundlich benickt. Worauf auch ich mir vornehme, ab und an in meine Schriften etwas Positives einzuflechten, wegen der Westomis. Wie wir überhaupt Kollegen sind, die Rudelschwinger und ich. Unmöglich, stundenlang durch die Gegend zu staken, ohne nicht seine Meinung über die Welt mitzuteilen. So daß ein jeder von ihnen nicht nur Antriebsmittel ist, sondern auch hinten im Kahn aufrecht angeordneter Stegreifphilosoph. Die Stakerin hinter uns aber zur stets dominierenden Sorte der Gegenwartsbejaher gehört, so daß sich mein Bedauern doch in Grenzen hält, als die Positivitätstante in ein anderes Flies abbiegt. Und uns statt ihrer eine Ente misanthropisch knorkelnd folgt. Angeblich Max heißt und, laut Rudelschwinger, seit der Wende 1989 ausschließlich Butterkeks verzehrt.

Manchmal noch ein Hof ganz echt. Mit Stichgraben, Fischkasten, Anlegestelle. Wobei unsere Fahrt oft direkt auf das Haus zugeht, fast bis in den Hof hinein, wo jemand Wäsche aufhängt und durch unser Hingleiten unterhalb der Wäschestücke der Vorgang des Wäscheaufhängens sehr an Bedeutung gewinnt. Grüßend wiedergegrüßt wird der Gondoliere, wir aber bleiben weitgehend Luft für die Anwohner hier. Selbst als sie im Vorgängerkahn, und zwar, wie eingeräumt werden muß, auf sächsisch, schon wieder dieses Lied singen, schaut kaum jemand auf. Nur ein Mann, der eben aus einem Kahn Wasser schippt, scheint, als die furchtbaren Sachsen beim Wasserschippen höhnisch mitzählen, willens, die Flucht zu ergreifen, da wir uns auch noch nähern, obwohl ich und die Omis nun wirklich harmlos sind.

Endlich auch der Erinnerungsbaum für Spreewaldgurken erreicht. Mitgebracht worden seien sie von holländischen Leinewebern, die für die grobe Gegend zu feines Leinen webten und daher im Laufe der Jahre wieder in Richtung Gemüse mutierten. – Zu Honeckers Zeiten habe man die Gurken teurer angekauft als verkauft, erzählt der Rudelschwinger. So daß man sie erst an den Laden verkaufte und hernach im Laden wieder aufkaufte; ein Vorgang, der sich notfalls endlos wiederholen ließ. Wogegen heute gleich Geld bekäme, wer dafür keine Gurken anbaue – was eigenlich irrsinniger wäre? fragt der Philosoph. Und angeregt durch die Welthaltigkeit sogar der Spreewaldgurke, ziehe ich meinen Bierdekkel vor und fange an, Notizen zu machen. Doch wieder weist ein Toben im Busch auf eine Imbißfalle hin. »Kein Bedarf«, sagt Omi richtig; und wird vom Uferbrüller dafür »Böse Omi« genannt. Und »Brummdriesel« ich, denn das hätte er noch nie erlebt, daß einer auf dem Kahn Kreuzworträtsel mache.

»Ach was«, sagt der Rudelschwinger. »Der ist bei der Staatssicherheit.«

»Aber die DDR ist doch längst untergegangen.«

»Manche schreiben eben noch aus Gewohnheit mit.«

Nicht nur der Zeitungsleser sieht nachdenklich zu mir herüber. Denn das wissen sie alle, daß unsereins größtenteils bei der Staatssicherheit war.

Ich nehme einen Küstennebel.

V. Eine Weile hat uns noch im gelben Kahn eine Postfrau begleitet und wirklich einen Brief im Vorüberstaken ans Ufer weitergerecht. Und alle Anwesenden hatten sie im Fernsehn gesehen, in einem Spreewaldfilm. So daß wir nun ein wenig im Abglanz ihres Ruhmes sitzen und selber wie im Spreewaldfilm durch das Wasser gleiten. Doch nun fährt eine vollständige kölnische Karnevalskapelle samt Trommel und Tschinellen vor uns her bis nach Lehde, wo sie am »Fröhlichen Hecht«, gleich neben dem Schild »Rettet die Fischotter«, Aufstellung nimmt und die Spreewaldstille im Umkreis von Kilometern mit Tätärä massakriert.

Kaum angelangt, springe ich derart aus dem Kahn, daß ich beinah den Untergang der Omis verursacht hätte.

Ob ich schon mal gepaddelt wäre?

»Selbstverständlich«, sage ich und bekomme ein besonders schmales, sportliches Modell. Das, da ich mich hineinstelle, infernalisch wackelt, so daß ich nun meinerseits fast kopfüber ins Wasser gefallen wäre, hätte mich nicht das hinzugestürzte Personal beiderseitig untergehakt und in hohem Bogen durch die Luft in ein anderes, massiveres Boot umgesetzt. Wobei sie mich einen »Briedattel« schimpfen; also auch nicht wissen, wer ich wirklich bin und daß ich um ein Haar in die Sächsische Kunstakademie gewählt worden wäre, nun aber mein Dasein hier in Spreewaldkähnen fristen muß.

Das mir überlassene Anfängermodell liegt recht stabil im Wasser, hat aber den Nachteil, selbst auf verzweifelte Lenkpaddelschläge hin kaum zu reagieren und dauernd geradeaus zu fahren, so daß ich eine Paddlerin ramme.

»Aber junger Mann«, sagt sie auf eine besonders feine,

zweifellos süddeutsche Art, und ich erwäge, aus Stuttgart zu sein. Worauf sie sich, bloßarmig, zarte Hinterwärtsschleife im Haar, im Paddeltakt vorwärtswiegt. Und ich, trotz heftigen Wasserumwälzens, in meinem eichenen Kahn sofort weit hinter ihr liege; sie aber, wie schwebend, schon bald in einem Erlentunnel verschwindet.

Nach Stunden immerhin Wotschofska und Hochwald erreicht und schließlich eine eiserne Schleuse, wo sie in der Sonne sitzt. Freilich nicht allein; einer von diesen kurzgeschorenen Riesenkerlen sitzt neben ihr. Kann aber beschäftigt werden. Muß doch jemand den Schleusenhebel ruckartig nach unten reißen, um das zu Eisentor öffnen, durch das wir beide nebeneinander ins Schleusenkämmerchen gleiten. Wo uns das Wasser glucksend hebt und der Strudel uns ein wenig gegeneinander antrudeln läßt, daß unsere bloßen Arme sich härchenweise berühren.

Ob sie auch aus dem Westen komme?

Das sei doch ganz egal, wo einer heutzutage herkäme, entgegnet sie und lächelt mich an aus schwarzen Eßkastanienaugen. Jedoch der Kerl ist auch noch da und öffnet das Eisentor mit einem brutalen Ruck. Und die ausströmende Flut reißt sie von meiner Seite weg, hinaus, wo, ob sie mir auch winkt, der kahlgeschorene Boxer zusteigt, ich aber mit dem schweren Kahn im Schleusentor quer stehe.

Auch im Waldhotel Eiche verfehle ich sie leider. Bestelle aber trotzdem ein Bier, nur ein kleines, vom Ober deshalb ausgelacht. Kostet doch, weil heute Blasmusik ist und der Sänger der Kapelle als Räuber verkleidet die Gäste mit einer Flinte bedroht, das große Bier gerade einmal halbsoviel wie ein kleines. Muß also große Biere trinken, allein aus Kostengründen. Nicht ohne in meinem Aufsatz das Klotzhotel Eiche erwähnen zu wollen, weil es die neue Zeit richtig versteht. Freilich liegt durch das Bier mein Boot erst recht wie Blei auf dem

Wasser. Doch während ich weiterkämpfe, in einem endlosen Waldkorridor, sehe ich, unter einer Brücke hindurch, ganz hinten unter der nächsten Brücke, ein winziges Flirren von wirbelnden Paddeln, ein Schwirren von Flügeln im sinkenden Licht, propellerschleifenbestückt. Und beschließe, eine Abkürzung zu nehmen, das heißt ein Querflies, das eigentlich der Forstwirtschaft vorbehalten ist. Und in dem, in der Dämmerung, die über mir stehenden Resthochwaldbäume samt Himmel noch einmal vollständig erscheinen, nur höher hinab in die Tiefe gewachsen und dichter das Zweigwerk unten vernetzt. Obwohl das Flies zunehmend flacher wird, der Kahn fast im Morast aufliegt. Und mit einem Windstoß von oben die Blätter herunterwirbeln, in einer Suchbewegung dem Wasser zu entkommen, auf das sie prompt auftreffen. Und von ganz oben die Blätter herabzuregnen beginnen, als hieße es, uns beide, das Flies und mich, zuzuschütten. Doch immer schmaler wird das Flies, bis mein Paddel rechts links auf das Ufer aufschlägt. Und ich nun gänzlich feststecke, in Zweigwerk und Entengrütze. Und trotz Keuchens mich die Spreewaldstille einholt, der ich gestern Abend schon auf dem Photo begegnet bin. Und mir nichts anderes übrigbleibt, als in der Düsternis an Land zu gehen, ob auch unter Schuhverlust. Doch hinter der Böschung etwas schwarz blinkt, tatsächlich der Hauptkanal. Und ich nur noch dieses Klavier von Boot über die Böschung hinweg bugsieren muß. Dabei aber Stimmen höre. Und ausgerechnet in dem Moment, als ich das Boot aus dem Buschwerk zerre, andere Paddler herangeflogen kommen.

»Ich falle aus dem Boot. Da ist der Alte schon wieder.«

Unmöglich, der heutigen Jugend zu erklären, wieso ich mit dem Boot nun schon über Land zu gehen versuche.

VI. Am Ende will ich mir in einem Schloßhotel auch einmal etwas gönnen: Zander mit Spreewaldsoße, die hier wirklich speziell zu sein scheint. Bin freilich der einzige Gast, von einigen gestorbenen Ehepaaren einmal abgesehen; von denen sich das eine durch leises Miteinanderstreiten noch einmal ins Leben zurückzurufen versucht. Denke mit Wehmut an das Propellerschleifenkind, dem es ganz egal war, woher einer eigentlich kam. Und das immerhin jetzt zu leben versteht, wenn auch unter Zuhilfenahme kurzgeschorener Unsympathlinge. Doch weiß ich nicht selber kaum, woher unsereins kommt? Erst heute mittag in Lehde – mit Dutzenden anderen Touristen durch eine niedrige Tür in ein Museum getreten, vor das sogenannte Dreigenerationenbett. Erschrocken, welche Nähe damals möglich und zumutbar war. Wenn sechs in einem Bett schliefen: Vorn die jüngst Vermählten, dahinter die Älteren, hinten das älteste Paar. Bis eines starb und im Sarg per Kahn nach Lübbenau auf den Friedhof gebracht werden mußte. Und vorn neue Leute kamen, und das Paar aus der Mitte nach hinten rückte, und im herausziehbaren Kasten unten die Kinder schliefen. Doch jedes, wo es lag, je wußte, wo es sich im Leben befand. – Entwerfe in diesem Sinne den geplanten Aufsatz auf dem spreewaldfeuchten Bierdeckel, den die Bedienung jedoch mit dem Geschirr abräumt. Laufe ihr in die Küche nach, erkläre, daß dies ein Notizdeckel sei, der einen Teil meines Gesamtwerks enthielte, doch da hat ihn schon der Müllschlucker verschluckt.

Wie ich dem Fernsehn Dresden zeigte

I. Früh drei Mann hoch, das Buschwerk umkreisend. – »Achtung, das Fernsehn kommt«, ruft die Nachbarin aus dem Treppenhaus herauf; und ich versuche, den Stolz zu unterdrücken, der aufkommt, wenn das Fernsehn kommt, das heißt, betont beiläufig hinunter in den Garten zu gehn. Wo der Regisseur sein Begrüßungsnicken derart zu dosieren versteht, daß es ihm erlaubt, sowohl höflich zu sein als auch die Hände bei sich zu behalten. Wogegen die Technik technisch nicht in der Lage ist, »Guten Tag« zu sagen. Soeben mein Umfeld aufnimmt und durch die Büsche hindurch auf jene riesige Mietvilla zufährt, die, in der Laubwerkdüsternis, hinter bleiverglasten Fenstern ihren zukünftigen Besitzern entgegendämmert.

»Die Bruchbude wird wohl auch abgerissen«, kommentiert der Toningenieur. Und mit einem Schwenk führt die Kamera mein Erkerfenster samt Zwiebelturm und Wetterfahne in das Jenseits der Bilder hinüber. Versuche dem Regisseur zu erklären, was ich immer zu erklären versuche: das spezifisch Dresdnerische. Das sich schon aus den Elbhängen herleitet, die in weitem Bogen die Stadt umschließen und so, in sachten Übergängen, eine südliche Enklave herstellen. Sogar einige Weinberge haben sich bis hierher verlaufen. Und der Sächsische August ist seinerzeit eigens ins Katholische übergewechselt, um hier, auf protestantischem Gebiet, etwas Heiterkeit zu schaffen. Eine sensualistische Insel, die über Böhmen und Wien Kontakt bis nach Venedig hielt. Und durch die Augen der später an den Elbwiesen entlangziehenden Maler an Sensivität gewann, der Fähigkeit, zu schauen und im Erschauten ein Anderes zu sehen: Über den Kuppeln den Wolkenbarock und unter den Brückenbögen das Gegensilber des Monds. Dresden als Utopie. – Wobei sich das Feierliche oft mit dem Knorzigen mischt, dem plebejischen Huckelcharakter von Erzgebirge und Sächsischer Schweiz. Aber nur dreißig Kilometer von hier, gleich hinter Großenhain, bereits Berlin beginnt und über tausend Kilometer der Norden gar nicht mehr aufhören will, mit seinen Föhren zu rauschen. Das Elbtal also auch ein antipreußisches Bollwerk ist – solange noch der Elbtalcharakter auf seine Bewohner abfärbt, die, eher auf Ausgleich bedacht, von naiv-umständlicher Freundlichkeit sind.

Wahre Ochsen seien wir hier, behauptet der Toningenieur gerade in dem Moment, als ich der Technik erneut »Guten Tag« zu sagen versuche. Wogegen mir der Regisseur bestätigt, dergleichen auch empfunden zu haben: Nur nach dem Weg hätte er eine Frau gefragt. – »Ja«, sei ihre Antwort gewesen, »da habe ich auch mal gewohnt.« Und anstatt ihm dem Weg zu erklären, hätte sie dauernd sich selber erklärt, so daß sie den Weg wohl noch immer erklärte, als er, der Regisseur, schon drei Straßen weiter war. »Tatsächlich«, setze ich hinzu, »fällt es uns manchmal noch schwer, nur von der jeweiligen Sache zu reden und nicht auch von sich selbst, wogegen es ja jetzt extra Lehrgänge gibt.« – Und ich erinnere ihn daran, wie wir gestern Abend in der Neustadt auf den beiden Stühlen vor dem Café Donnersberg saßen, als ein entfernter Bekannter von mir vorbeikam, das heißt, sofort stehenblieb und aus seinem Leben erzählte: Von jeder seiner Töchter; wo sie, wieviel Zuckertüten, in die Schule ging und wann in den Westen hinüber, bevor seine Frau auch verschwand: »Nu nu, schon vor einem Jahr.« Nur wundern konnte sich der Mann, selbst noch vorhanden zu sein. Und seine schleppende Rede machte den Abend tönen. Ließ auch uns verdeutlicht auf den Stühlen sitzen; als zwei, die auch einmal auf den Osten hofften, wobei der Regisseur den großen Vorteil hatte, den Osten gar nicht gekannt zu haben. Wir aber nun im Rahmen der deutsch-deutschen Vereinigung gemeinsam resignieren durften. Dort auf den Donnersbergstühlen, vor weinrot restaurierter Wand – gegenüber einer kahlen, die Stadt vor sich selber abriegelnden Plattenbauzeile, in der hier und da die Lichter angingen. Und in einem Schlafzimmerfenster noch einmal jenes violette Leuchtröhrengeleucht erschien, das allmählich unter Denkmalschutz stehen müßte; so es vor kurzem noch massenhaft im Lichterraster der Neubaugebiete von der heimlichen Sehnsucht des Ostens nach der Verderbtheit des Westens sprach. Ein rührender Versuch, durch etwas lila Neonlichtschminke über dem Fensterbrett auch schon einmal ein wenig mehr zu scheinen als zu sein. Während die Plattenbauoberkante die jeweiligen Finsternisse linealisch unterstrich.

Allerdings lag gestern abend noch lange jener hier oft direkt aus Italien angelieferte tiefblaue Himmel an.

Der Toningenieur beharrt auf seiner Ochsenthese. »Erst heute morgen«, ruft er. Zwei Schrippen habe er kaufen gewollt und zwanzig Mark hingelegt. Was aber hätte ihn die Verkäuferin gefragt? Ob er nicht zwanzig Pfennig hätte. – Genau wie früher, nicht wahr. Um ja nicht etwa rechnen zu müssen oder selbst nach den Groschen zu suchen. Und starren Gesichts zuzusehen, wie er die zwanzig Pfennig nicht fand. Und hier nun der Versager war. Das Geld ja schließlich gleich hätte passend haben können, anstatt die Verkäuferin warten zu lassen und den Betrieb aufzuhalten. –

Nein, hätte er ihr zur Antwort gegeben: Zwanzig Pfennig habe er nicht.

»Und was ist das da?« fragte sie und deutete mit dem Finger in seine Geldbörse hinein.

»Die Groschen brauche ich noch.«

»Und wenn ich nicht wechseln kann?«

»Dann stecken Sie sich die Schrippen eben an den Hut.«

»Wir backen hier immer noch Semmeln, mein Herr«, sei ihre Antwort gewesen. Und als er ging, hätte ihn einer der Umstehenden einen »blöden Berliner« genannt.

Ich nicke innerlich. Endlich einmal eine gute Nachricht. Hatte doch in den letzten Jahren das Ostwestproblem den Berliner Urkonflikt überlagert. Zumal die von drüben unseren Berlinern erstaunlich nahe kamen, ja sie sogar oft übertrafen in der teils hohen Meinung von sich. Und hier nun auch das Sagen hatten, das heißt, bald schon die Berliner abgaben, die ihrerseits von ihren Berlinern völlig absorbiert worden waren. Und selbst erst einmal damit fertigwerden mußten, mit lauter Berlinern zusammenzuleben, teils mit noch höherer Meinung von sich. Nun aber in demselben Maß, in dem wir uns allesamt an den Westen anpassen, der sächsisch-preußische Urkonflikt wieder zum Vorschein kommt. Die deutsch-deutsche Vereinigung also desto weiter vorangeschritten ist, je häufiger wir die Berliner wieder blöde finden.

»Guten Tag«, sage ich, nun schon zum dritten Mal. Und wirklich gelingt es uns, in Erinnerung an damals, einander ausführlich die Hände zu schütteln.

Das hinten am Gartentisch geplante Interview muß leider unterbleiben. Hebt doch der Toningenieur den Geräuschpegelanzeiger resignierend ins Morgenlicht. Selbst dieser allerstillste Ort unter dem Apfelbaum vom Aufschwung Ost umtobt. Indem die Gartenhöhlung ein horizontweites Dröhnen durchdringt. Unterbrochen von Einzelgehämmer und donnernden Abschüttgeräuschen mit Nebendetonation. Bis, in einer plötzlichen Generalpause, nur noch das ratzende Warngeklingel marschierender Großgeräte hörbar wird. Dann aber wieder das horizontweite Aufschwungsorchester einsetzt. Und auf der Straße draußen ein Winzigbagger auf und nieder scheppert und wohl vergessen hat, wo seine Baustelle war.

Undenkbar, denke ich, unter diesem Apfelbaum noch einmal einen Gedanken zu denken. – Lugt nicht schon vom Nachbargarten der erste Steuerberaterhochsitz mit bayrisch gedrechselten Stäben herein? – Nur gut, wenn der Kameramann auch diesen geheimen Ort im System seiner Linsen bewahrt. Und, die Kamera über das Gras entlangführend, den Tisch von unten her aufnimmt: die vom Regen verbogene runde Tischplatte, den von glitzernden Spinnenweben versiegelten Eisenfuß.

II. Bin auf der Suche nach einem stilleren Ort mit dem Fernsehn gleich an die Elbe hinuntergefahren. So daß die Technik die Technik durch Beifuß bugsieren muß. An eine eigentlich auch geheime, steinig-flache Uferstelle, an der ich meine Kindheit verbrachte und in der Elbe schwamm. Und selbst der Regisseur, der viel gelesen hat und meist schon alles vorher weiß, schaut einigermaßen verblüfft in die bräunliche Brühe hinab:

»Hier drin sind Sie herumgeschwommen?«

Komme mir im nachhinein selbst heroisch vor. Zumal sich das Wasser infolge der Industriezusammenbrüche schon wieder in Richtung Kindheit hinaufgeklärt hat, vor allem hinsichtlich der kleineren, durchsichtigeren Wellen am Rand.

Mache geltend, daß, wer im Osten aufwuchs, von vornherein widerstandsfähiger war. Ein Wort wie »Umweltverschmutzung« noch lange nicht kannte, so daß ihm die Umweltverschmutzung viel weniger anhaben konnte. Der Ruf: »Ein Kuhfladen, Thomas!« genügte, wenn wieder etwas Bräunliches herangeschwommen kam. So daß ich sofort untertauchte und jenes sich aus lauter regsamen Einzelflädchen zusammensetzende, kreisrunde Industrieexkrement über mich hinwegfahren ließ.

Die Kamera ist auf mich gerichtet. Ein mir unter die Nase gehaltener Mop zum Mikrofon erklärt. Und sogar der Regisseur, der viel gelesen hat und meist schon alles vorher weiß, hat sich eine Frage abgerungen. Erkläre auf den Ufersteinen, was ich immer erkläre: »Das eigentliche Dresden ist hier. Weil Dresden unterging. Durch dreifache Zerstörung: Bombardement, Abriß, Wiederaufbau. – Sich aber an seinen Rändern erhielt; in Villengegenden, die teils Kleinzschachwitz heißen. Weniger weil unsereins hier aufgewachsen ist, sondern weil an den Rändern noch der vielzitierte Dreiklang von Stadt, Hang und Strom spürbar ist – als Einklang von Landschaft und Architektur. – Dresden als Utopie. Die bis zur dreimaligen Zerstörung auch in der Innenstadt noch ahnbar gewesen sein muß. Und die nun erneut zu denken die einmalige Möglichkeit wäre. Falls Dresden nicht nur zugebaut, sondern aufgebaut werden sollte. Mit Hilfe einer Architektur, die diesen Namen verdiente. Indem sie ausnahmsweise ihrer eigentlichen Gegenwartsaufgabe nachkäme: Nicht nur – was auch schon sehr viel verlangt wäre – den Menschen als Maß zu nehmen, sondern gleichzeitig noch die Natur; eine Balance zwischen beiden zu suchen, sich zur umgebenden Landschaft ins Verhältnis zu setzen und ausdrücklich die Landschaft in die Stadt hereinzubitten. Sich zwischenmenschlich anzusiedeln, zwischen Glas und Beton. Daß zur Künstlichkeit Ursprünglichkeit trete und in den Innenhof der sogenannte Lindenbaum. Daß die Dächer nicht mehr nur blind gen Himmel starren müssen. Daß Wasserfall und Straßenbahn gemeinsam das Stadtbild beleben.«

»Stop«, sagt der Kameramann. Unter meiner Achsel hat sich ein riesiger Schweißfleck gebildet, der unmöglich mit ins Bild kommen darf. So daß der Schweißfleck fürs Fernsehn verdeckt werden muß.

»Das eigentliche Dresden ist hier«, wiederhole ich auf den Ufersteinen. »Und fehlt es hier auch an Urbanität, gab es doch hier immer jene soziale Mischung, die Stadt vor allem ausmacht: Indem die unterschiedlichsten Leute in die Villenvororte einzogen. Das residenzdresdnerische, bürgerliche Element zumindest in Restbeständen verblieb und weiterhin Wagner, Strauß oder Mozart hörte. Der Mieter nebenan jedoch bei der Wasserwirtschaft war. Oder im Sachsenwerk mit Eisenteilen beschäftigt. So daß sich Residenzbürgerliches mit plebejischer Drastik vermischte. Und aus den weitgeöffneten Fenstern am Sonntagnachmittag gleichzeitig die Tannhäuserouvertüre und der Torschrei drang. Und selbst der Wasserwerker philharmonisches Gebiet betrat, wogegen der Sachsenwerker im Bereich des runden Leders verharrte. Und in den Vorgärten die Sträucher tiefer und tiefer über die Zäune hingen. Und schließlich selbst der Weg zum Briefkasten durch Jasmintunnel führte. – Dresden als geistige Lebensform, im Rückblick auch eine Utopie – unter, zugegeben, zunehmend bröckelnden Dächern. Unter denen wir langsam vergaßen, in Millionärsvillen zur Miete zu wohnen; und nun erst wieder lernen müssen, nicht mehr recht hierherzupassen, menschlich wie finanziell. – Wasserwirtschaftler hält sich noch. Sachsenwerker schon vor Jahren Richtung Plattenbau geflohen. Und nun auch unsereins dabei, nach einem Exilort Ausschau zu halten. Wogegen die Sträucher stehenbleiben und, über den Zaun geneigt, den langsam sich nähernden Gehölzfreßmaschinen entgegensehen dürfen, bis daß der Ordentlichkeitsgedanke auch die letzten Jasmintunnelungen auf das herrschende Mittelmaß stutzt. – Was nicht heißen soll, daß die neu hinzuziehenden Bewohner nicht auch Kinder haben und für Lebendigkeit sorgen werden, in mittelständiger Ausschließlichkeit freilich noch jede Vorstadt verlangweiligt haben. – Und doch wird der Marketingfachmann auch in Zukunft Kleinzschachwitz hartnäckig für Kleinzschachwitz halten, wenn er den Bedienungsknopf seiner Tiefgarage drückt.«

»Stop«, sagt der Kameramann. In Sockenhöhe werde ich von einem Hündchen attackiert. Und auf der Böschung erscheint eine Frau.

»Herr Rosenlecher!« ruft sie. »Ich bin endäuscht von Ihnen!«

»Wieso?«

»Daß ausgerechnet Sie mit dem Auto über die Elbwiesen rammeln!«

»Ich bin doch mit dem Fernsehn hier.«

»Um so schlimmer«, sagt sie.

Da stehe ich da mit der Glotze. Unmöglich, ihr zu erklären, daß die Technik technisch kaum noch zu Fuß gehen kann. Und ich wie alle auch nur eine Geisel des Fernsehns bin. Als sogenannter Schriftsteller höchstens noch insoweit vorhanden, solange ich den Lesern, die auch nicht mehr zum Lesen kommen, nicht wenigstens im Fernsehn erscheine. Und sie vom Bildschirm aus mit möglichst großen Augen ansehe, damit sie sich auch weiterhin für literarisch informiert halten können.

»Wir fahren gleich wieder weg.«

»Das wird ja immer schöner! Schon wieder über die Elbwiesen rammeln.«

Anstatt mir zu Hilfe zu kommen, hat der Regisseur sein adlernasiges Profil in die Ferne gerückt, als hätte er mit dem Fernsehn noch nie etwas zu tun gehabt.

»Sage ich nicht, daß das hier Ochsen sind«, fragt der Toningenieur und nennt die Frau eine Elbwiesenhexe.

Bin trotzdem stolz auf sie. Weil sie eben nicht eine jener hochbeinig-gepflegten Damen mit wehendem Seidenschal ist, die sich mehr aus Selbstbeschäftigungsgründen für alles Gute und Schöne einsetzen – sondern mit zitternden Wangen hier für die Elbwiesen kämpft. Begrüße deshalb auch die Geistesgegenwart des Kameramanns, der sein Okular auf sie richtet, die Jeanne d'Arc der Elbwiesen als Böschungsmonument in den Hades der Bilder hinüberzuretten.

Endlich zieht sie ab, samt Spitz. – »Das eigentliche Dresden ist hier«, wiederhole ich auf den Ufersteinen. »Weil Dresden unterging.« Doch während ich rede und rede, löst sich aus dem Elbbogen unten ein Dampfer und schaufelt sich mit flirrenden Schaufelrädern herauf, so daß ich unter dem Radkasten die Schaufelradblätter einzeln blitzen sehe – ziehn beidseits die Wiesen hellgoldengrün mit der Strömung mit – rückt drüben über den Dächern der Hang mit der finstergrünen Kräuselung einzelner Bäume näher heran –, als wollten sie sagen: »Laß sein, du hältst den Wahnsinn nicht auf.«

III. Das Nähe in Ferne und Ferne in Nähe verwandelnde, allgegenwärtige Licht gibt mir die Möglichkeit, die Fernsehschaffenden zu einer Elbüberfahrt zu überreden. – Muß nur noch vor der Kamera ein paar Steine werfen, was allerdings mißlingt. Da jeder Stein schon in Ufernähe mit einem Seufzer versackt, das heißt, es höchstens bis zur Kategorie des Kuhfurzes bringt, anstatt als Butterbemme mindestens zwölf, dreizehn Mal auf dem Wasser aufzutippen und in hüpfenden Bögen fast bis in Stromesmitte zu schnippsen. – Bin ich so aus der Übung gekommen? Oder scheut sich meine Wurfhand, die Kindheit dem Fernsehn auszuliefern? Muß jedenfalls gedoubelt werden. Und dem Toningenieur die flachen Steine reichen, die kostbaren Butterbemmen, die er »Butterschnitten« nennt. Ohnehin kaum noch welche zu finden; da habe ich wohl als Kind ganze Arbeit geleistet und die meisten schon ins Wasser geworfen, fast bis in Stromesmitte.

Auf der anderen Elbseite versuche ich unter der Weinbergmauer dem Fernsehn einen von lauter Grün verschütteten Bachgrund als Fortsetzung des eigentlichen Dresdens anzubieten. »Schön«, sagt der Regisseur, schaut aber gar nicht erst hin. Der Kameramann sagt: »zu finster für uns« – und auch ich bin es zufrieden, daß der Ort vom Fernsehn verschont bleiben darf. Verfügen uns nach Touristenart zum Schloß

Pillnitz hinüber, das unterhalb des Hangs samt Hang die Vertikale des vorbeifließenden Flusses betont. Mit einander spiegelbildlich gegenüberstehendem Berg- und Wasserpalais, dazwischen riesige Blutbuchen und geschlitztblättrige Eichen mit herabhängenden Ästen regungslos die Kieswege fegen. Während draußen vor dem Wasserpalais, im Gegenschwung zu zwei von oben, ausdrücklich von der Balustrade herabkommenden Treppen, sich amphitheatralisch eine zweite Treppe öffnet und mit vielen Stufen direkt in die Elbe hinunterführt, die ziemlich rasch vorüberzieht und mit feinen Fältelungen geistvoll die Stirne runzelt.

In einer Wolke aus englischen Ausrufen nähert sich eine Gruppe internationaler Jugendlicher. Geht unterhalb des Schlosses entlang, ohne diesen Umstand überhaupt wahrzunehmen: Nicht die chinesisch geschwungenen Dächer, nicht auf den Türmchen im Blau das goldene Heiterkeitsgeblitz von Halbmond, Kugel, Stern. Noch die schmiedeeisernen Gitter und die schweigsamen Fensterläden. Noch in den Kehlungen unter den Dächern die vielfigurig des Lebens Annehmlichkeit darstellende Zopfchinesenschaft. Noch die großäugigen Glyzinien unter den Widderhornkonsolen. Und schon gar nicht die Elbinsel drüben; eine dunkle Baumwand, wo, aus höchsten Ästen herab, Fischreiher theatralisch in die Strömung kacken.

Nur zu hoffen, daß man sich eine Ansichtskarte kauft. – Doch halt, eines der Nasenringpärchen mit tschitscheringrünem Haarschopf kehrt noch einmal zurück, um an der Schloßwand die Hochwasserstände samt Jahreszahl anzusehen: Die ihr punktueller Blick zu erfassen vermag. – Wogegen unser Kameramann ein unentwegt Schauender ist. Mit langgewimperten, weitgeöffneten, kristallinisch anmutenden Augen auch ohne Kamera die Gegend zu fotografieren scheint. So daß sie recht eigentlich nur für die Kamera existiert. Die Gegend gar nicht wichtig ist, wenn nur die Bilder stimmen. –

Laufe dem durch die Heckenquartiere seinerseits Lichtreflexen Hinterherjagenden nach:

»Sind Sie eigentlich auch Berliner?«

»Ungefähr«, sagt er. Doch meistens käme er gleich von der Autobahn.

IV. »Viel zuviel Idyll fürs Fernsehn«, sagt der Regisseur. – »Von wegen Idyll«, sage ich. Wo das Idyll doch längst auch zur Kategorie des Entsetzlichen gehört. Die Nachricht einschließt, was rings schon nicht mehr existiert. Gerade an ihm sich Verluste ablesen lassen. Und es ein Hinterhauptflimmern erzeugt, des Inhalts, wie zu leben wäre.

Trotz Gegenwehr gezwungen, mit in die Stadt zu fahren. Über die Loschwitzer Elbbrücke, das »Blaue Wunder«, hinweg. Ein kastenförmig plump auf Pfeilern liegendes Mahnmal der Materialverschwendung mit Ausgucktürmchen obenan – gleichwohl die Gegend in elegantem Doppelschwung durch Eisenfachwerk rasternd. Wogegen heutige Überbrückungsanlagen einfach die Fahrbahn fortsetzen und »Bloß-hinüber« heißen, was freilich die Wahrheit ist.

»Ja, ja«, sagt der Regisseur etwas müde. Gehe allmählich selbst ihm auf die Nerven. Wie oft hat er dergleichen sich schon anhören müssen. Und nun kommt auch noch einer von hier und sagt noch einmal alles von vorn. Nur weil bei ihm hier alles noch einmal von vorn beginnt. Aber das meiste, was bei ihm geschieht, drüben längst passierte. Das bißchen Widerstand dort längst gescheitert ist, das hier gar nicht erst zustande kommen wird. Der Osten als Kopie womöglich westlicher als der Westen ausfällt, so daß man, dem Westen zu entgehen, wohl besser gleich in den Westen gehn sollte. – Allerdings war der Regisseur, als ein Mann mit aus aufrührerischeren Zeiten lang herab hängengelassenem Haar, gestern abend, gerade was den Westen betraf, noch viel empfindlicher als ich. Nur ein Bier hatten wir trinken wollen, hier in der

Schillerplatzgegend, dem verkehrsüberrollten Zentralplatz des vorstädtischen Dresdens. Doch sowohl der »Schillergarten« als auch die »Villa Marie« sind ihm gleich bekannt vorgekommen. Nicht nur wegen der hier nun auch anzutreffenden Plexiglasgirls und gefönten Lenkradbubis, sondern wegen der Methode, etwaige Ursprünglichkeit soweit wie möglich zu beseitigen und hernach Palmen aufzustellen oder Ahornblätter kreativ über die Tische zu streuen. Oder – raffinierter noch – die Räume kahl zu lassen und durch künstlich gealtertes Holzmobiliar und fleckige Wände Ursprünglichkeit zu simulieren. Waren deshalb in die Neustadt geflohen, wo wir vorm Café Donnersberg einigermaßen Ruhe fanden. Aber dann war der Regisseur im Art'Hotel untergebracht. Immerhin mal Architektur, so ich, zumal hier ein Baum nicht gefällt werden durfte, was gleich zur Architekturverbesserung beitrug. Da allerdings war der Regisseur schon zwischen fledermausohrigen Lampen, Stangen, Spiegeln, Silhouetten zur Silhouette erstarrt. Und auch ich vor lauter Gestaltung vermutlich nur noch eine Gestalt. Beschränkten uns jedenfalls darauf, die Toilette zu besuchen, indem wir in einem gelbgekachelten Raum in unterschiedlicher Richtung die Wände absuchten und unverrichteterdinge wieder aufeinandertrafen, weil da nichts zu finden war, das uns geeignet erschien. Zum Glück aber jemand kam und uns zeigte, wie. Stellte sich einfach an die Säule inmitten, die wir für einen weiteren Kunstgegenstand gehalten hatten. Allerdings wollte der Regisseur an diesem Abend noch mehr durchgemacht haben. Die Lampe in seinem Hotelzimmer erwies sich beim Einschalten als ein Gebläse, das Stoffstreifen hervorwedelte und eine Fackel darstellte. Der Arbeitstisch ein Schienenfahrzeug; Schreibtätigkeit durch obenauf angebrachten Zierknauf blockiert. Seitlich vom Bett eine milchige Scheibe, die sich bei Knopfdruck aufklarte, so daß er ins Bad sehen konnte, doch leider niemanden bei sich hatte, den er beobachten konnte.

Also doch noch das Fernsehn einschaltete, wo ausgerechnet ein Kulturfilm von ihm selber lief.

»Und wie war er?«

»Bescheuert«, sagte er.

Am Eingang zur Innenstadt dient mir der Pirnaische Platz als Hauptbeleg für meine Untergangsbehauptung. Zwei Riesenstraßen kreuzen sich hier, und die Geweihe begegnender Straßenbahnen haben selbst im Verkehrsgewühl etwas tragisch Verlorenes. – Von vornherein ein Aufmarschgebiet, diese Thälmannstraße. Und am 1. Mai, dem Kampftag der Arbeiterklasse, löste sich der Demonstrationszug nach dem Vorbeimarsch hier wieder auf, und mancher Fahnen- und Losungsträger versuchte, von plötzlicher Scham befallen, sein jeweiliges Winkelement hinter der nächsten Bockwurstbude versehentlich stehenzulassen. Und ist von heute aus betrachtet sowieso kaum mitmarschiert, weil ja die anderen mitmarschiert sind. So daß im nachhinein höchstens ein Idiotenhäufchen von einigen Dutzend noch zugeben mag, jemals an der Tribüne vorbeigegangen zu sein. Und doch sind es Zigtausende gewesen, ungleich viele mehr, als sich im Oktober auf die Straße wagten, um solche Mitläuferei abzuschaffen. Den Pirnaischen Platz schließt ein Plattenbau ab, den wir einst für ein Hochhaus hielten. Und ich zeige dem Kameramann den Sims obenauf, von dem herab eine rote Leuchtschrift die Worte sprach: »Der Sozialismus siegt.« Aber der Kameramann zuckt die Schulter, weil das Fernsehn versagt, wenn es ins Unsichtbare vorstoßen soll. Denn natürlich gab es nach 1989 nichts Wichtigeres, als die Inschrift herunterzuholen. Welche Souveränität, ja welcher Humor wäre nötig gewesen, sie einfach da oben zu lassen? Denn stand sie auch hoch genug, um sich darunter abzuducken, so hat doch unten der Sozialismus durch Stadtverwüstung tatsächlich gesiegt. Und mühelos ist ablesbar, daß auch Architekten Verbrecher sein können.

Bis heute aber hat sich keine andere Inschrift da hinaufgewagt. Keiner der wirklichen Sieger will ihre Nachfolge antreten. Als hätten sie noch Angst vor ihr.

Eine weitere Form der Vergangenheitsbewältigung vermag ich dem Fernsehen am Kulturpalast zu zeigen, wo ein »Weg der Roten Fahne« genanntes Wandbild mit Stoff überdeckt wurde, der allerdings durchsichtig ist, so daß die Fahnenschwingerin hinter einem Grünschleier weiterhin der Zukunft entgegenstürzt. Und auch der Ulbricht Walther unschwer zu erkennen ist, wie er da rechts oben mit einer Gruppe Werktätiger die Rolle der Bedeutung berät.

»Immerhin eine Möglichkeit«, meint der Regisseur, »die Vergangenheit nicht zuzudecken.« Was, wie er selbst einräumt, für ihn leicht gesagt ist, weil er sich ihrer nicht ausdrücklich schämen muß.

Vor der Frauenkirche ist ein weißes Zelt aufgebaut. Hier kann man aus Baukastensteinen zu fünf Mark pro Stück die Frauenkirche aufbauen helfen. Die im Zelt schon zweimal vorkommt, einmal vollendet, das zweite mal bis zur Kuppel gediehen. Und entsprechend den teils wiederzuverwendenden Originalsteinen an der Frauenkirche dahinter, sind auch die Baukastensteine teils schwarz und teils weiß. Schwarz steht für die alte, weiß für die neue Zeit. Doch ob schwarz oder weiß, jeder Baustein hat im Modell die gleiche glatte Oberfläche. Und fügt sich so zu einem mattschimmernden, garantiert abwaschbaren, Zeit abweisenden Kuppelgebilde, das vollkommen die Gegenwart ausdrückt, so daß ihr doppeltes Vorkommen im Zelt auf seine große Beliebtheit hinweist. Und das weiße Zelt nicht umsonst die Grobsteinfrauenkirche dahinter unsichtbar macht. Und unser Dresden viele solcher Plaste-Frauenkirchen brauchte, die, in Kaufhäusern und Banken, hinter Glas aufgestellt, der Stadt ihr eigenes, unverwechselbares Gesicht geben könnten. –

Führe den Kameramann um das Zelt herum. Als Erinnerung an den einstigen Trümmerhaufen liegt unterhalb der Gerüste noch ein in sich gekurvtes, tonnenschweres Mauerstück, das in der Bombennacht hierher herabgestürzt ist. Daneben blüht Goldrute. Bitte den Kameramann, sie mit aufzunehmen. Die Trümmerpflanze schlechthin, die hier bis weit in die sechziger Jahre hinein aus den Fensterhöhlen der Trümmergrundstücke fuhr.

Freilich, vor den hartnäckig von Zeit geschwärzten Steinmassen an der Brühlschen Terrasse gerät meine Untergangsthese ins Wanken. Und während der Toningenieur, der in Berlin viel größere Baustellen hat, von einem Bein aufs andere tritt, schwebt vor unseren Augen ein sich langsam verkleinernder Bauarbeiter zwischen Schloß und Hofkirche empor, und alle Heiligen strecken ihm Kreuz und Ölzweig entgegen: Eine artistische Aufschwungsvorführung mit gelbem Bauarbeiterhut, die dem Touristengewimmel etwas Feierliches gibt und der Stadt etwas Künstlerisches. Lange starrt der Kameramann mit seinen kristallinischen Augen dem unter einem Dutzend Kranarmen am Seil Entschwindenden nach: »Ach, wer da mitfahren könnte, das gäbe einen Kameraschwenk.«

Noch rasch in die Innere Neustadt hinüber. Hier, wo zwischen Brandmauern die Pferdeäpfel der fünfziger Jahre ahnbar sind – hier, wo alle fünf Minuten ein frisches Gesicht auftaucht und manchmal auch ein bärtiger Dichter mit Ledertasche die Straße bereichert, ja, selbst die Autos mit Humor um Baucontainer und Schutthaufen kurven –, hier erwäge ich, für ein paar Jahre um politisches Asyl zu bitten. Auch der Regisseur begeistert; er hat am Straßenrand ein DDR-Auto gefunden; einen sogenannten Trabanten, der die Autopsie schon hinter sich hat. Das sei ein geeigneter Drehort, sagt er, und schon bin ich vorn auf dem Kühler plaziert.

Und die Kamera ist auf mich gerichtet, und der Mop zum Mikrofon erklärt, und selbst der Regisseur ringt sich eine Frage ab.

»Das eigentliche Dresden ist hier«, erkläre ich auf dem Wrack. »Denn Dresden ist untergegangen.«

»Danke«, sagte der Regisseur. Und es gelingt uns, einander zum Abschied ausgiebig die Hände zu schütteln.

III.
Der Nickmechanismus

Der Nickmechanismus
Ein Selbstbefragungsversuch

1. Ich nicht

Als ich meiner Frau erklärte, daß ich über das Vergangenheitsthema nun wenigstens einen Aufsatz schriebe, wußte sie gleich Bescheid: »Du willst dich selbst in Frage stellen, damit sich endlich einmal einer selbst in Frage stellt. Und wirst schließlich selber glauben, ein Spitzel gewesen zu sein.«

»Ja, war ich denn wirklich keiner?«

Leise trat sie vor mich hin an den Küchenstuhl, leise beugte sie sich herab, leise benetzte sie meine Stirn mit jenen Feuchtigkeiten, die sie für Küsse hält.

»Nein-du-nicht.«

Da bin ich aber froh.

2. Vierzig Grad Fieber

In diesem kalten Winter lag eines Tages ein nur halb mit Katze gefüllter, schwarzer Fellschlauch vor unserer Tür. Nun gibt es zwischen mir und meiner Frau die Vereinbarung, daß Katzen uns nicht ins Haus kommen – denn obwohl ich ansonsten gern für die Natur eintrete, beschränke ich mich zu Hause doch lieber auf Zimmerpflanzen.

»12 Grad minus.«

»Katzen halten das aus.«

Der Fellschlauch kam in einen Korb in den Schuppen. Ich aber mit Wärmflasche ins Bett, weil ich Fieber hatte. Was meine Frau kaum interessierte, dauernd ging sie hinaus in den Schuppen, und das, obwohl mein Fieber auf 39 Grad zuging.

»24 Grad Kälte«, rief sie. »Ich hole das Kätzchen herein.«

»Niemals«, rief ich aus meinem Schweißkissen hervor: Nur der Tatsache, daß uns Katzen nicht ins Haus kamen, war es zu verdanken, daß unsere Ehe überhaupt noch funktionierte.

»Du Mörder«, sagte meine Frau. Zog mir die Wärmflasche unter den Füßen weg und brachte sie der Katze in den Schuppen hinüber. Und das, obwohl mein Fieber die 40 Grad überschritt. Und draußen im Hof vor Kälte das Thermometer zersprang.

»Hol das Vieh herein«, sagte ich.

»Schon geschehen«, sprach meine Frau, brachte unter ihrem Pullover einen Fellschlauch hervor und legte das Kätzchen zu mir auf das Krankenlager. Das Kätzchen war eben damit beschäftigt, das Licht der Welt zu erblicken. Mit seinem linken Auge, dem anzusehen war, daß es das Licht der Welt zum erstenmal erblickte, lichtblau wie es war. Da erkannte ich den einzig gültigen Unterschied zwischen Tier und Mensch: Tiere sind ohne Schuld.

3. Dante, Göttliche Komödie, dritter Gesang; Höllenvorhof, die Feigherzigen:

Ich blickte hin: Da sah ich eine Fahne
die *so* geschwind umkreisend sich bewegte,
daß zu verschmähen sie mir jedwede Rast schien.
Und hinterdrein lief solch endloser Haufen
von Volke, daß ich nimmermehr vermutet,
so viele habe schon der Tod vernichtet.
.....
Die Elenden, die nimmer wahrhaft lebten,

sie waren nackt und wurden schwer gepeinigt
von Bremsen und von Wespen, die dort waren.
Bei deren Stichen troff von Blut ihr Antlitz,
das tränenuntermischt zu ihren Füßen
von ekelhaften Würmern ward verschlungen.
.....

4. Frische Gesichter

Wenn ich in Augsburg oder Schwäbisch-Hall den Schriftsteller aus dem Osten darstelle, kommt von dem überlegen dreinblickenden jungen Mann vorn links die Frage, ob ich in der DDR-Diktatur auch ordentlich verfolgt worden sei. Und ich kenne genau die Versuchung, in diesem Moment ein bißchen zu nicken und mich in die endlose Reihe der Widerständler einzureihen, um schließlich, nach Klingelzeichen, von einem unmerklichen Silberhauch umschimmert, wieder davonzufahren. Aber die Schüler, und hier besonders die drei Mädchen zweite Reihe rechts, schauen mich so an mit ihren hellen Ehrlichkeitsgesichtern, daß ich, zwar zaghaft, doch immerhin, den Kopf schüttle: Nein, eigentlich nicht. Ich hätte ja nur Gedichte geschrieben, und im Gedicht wäre, weil Gedichte ohnehin unverständlich seien, ein bißchen mehr sagbar gewesen. Auch hätte ich sicherlich gleich mehrere Schutzengel gehabt, zumindest jedoch meine Frau. So daß es mir wohl doch gelungen wäre, denen damals einiges unterzujubeln und, was viel, viel wichtiger wäre: wenigstens im Wort meine eigene Welt zu behaupten. Freilich, zwei-, dreimal hätte ich mir auch ein Wort umtauschen lassen, was eine schlimme Sünde sei. Zu einer in Schlips und Kragen aus giftumblubbertem Elbwasser auftauchenden Person hätte ich zum Beispiel auf Anraten des Verlags nicht 1. Sekretär gesagt, sondern nur Fortschrittssachverwalter, um den damit auch gemeinten Generalsekretär Erich Honecker nicht zu sehr zu meinen. Verpaßt hätte ich es allerdings, einmal aus dem Gedicht auszusteigen und einfach aufzuschreiben, was ich längst in der Küche murmelte: »Das sind doch Verbrecher hier.« – Es sei mir nicht eingefallen. Innere Zensur. Um nicht wie andere in den Westen zu müssen, in dem ich nun leider glücklicherweise sei. – Und die Zuhörer? Sie hören mir ernstlich zu. Selbst die Burschen ganz hinten haben mir ihre mürrischen Eckschädel zugewendet. Es ist möglich, im Westen die Wahrheit zu sagen.

5. Geständnis

Ich war in der SED.

6. Das Eichendorff-Ich

SED, das hieß Sozialistische Einheitspartei Deutschlands ... Vorhut der Arbeiterklasse ... Kann einer da gewesen sein? Nicht irgendeiner, sondern ich? – Geh, bevor ich das Geständnis überhaupt aufzuschreiben vermag, lange vor dem Haus im Dunklen auf und ab, um den Satz zu üben: »Ich war in der SED.«

»Ich nicht«, sagt mein anderes Ich. »Wenn du dich eingelassen hast, ist das deine Sache. Ich bin autark. Ich habe Mörike gelesen, Hölderlin und Eichendorff; falls du weißt, wer das ist. – Warum soll ich mich nachträglich noch von dir verstaatlichen lassen? Bloß weil du einen Aufsatz schreiben willst und treuherzigerweise glaubst, über sich selbst die Wahrheit sagen zu können? – Siehe du zu.«

»Das könnte dir so passen«, sage ich. »Auch für dich habe ich das Mitglied gemacht und werde zum Dank nun verdrängt. Auf diese Art und Weise, mein Lieber, kann einer auch ein Nazi gewesen sein und hernach seinen Eichendorff lesen, als wäre nichts geschehen.«

»Aber bist du nicht aus dieser... aus dieser SED wieder ausgetreten?«

»Denkst du, ich hätte sonst den Mut, den Satz auch nur im Dunklen vor mich hinzumurmeln? Kein Wort würde ich sagen wie die anderen Pappnasen auch, die bis zuallerletzt dringeblieben sind. Wer möchte sich schon selber zu einer Pappnase machen?«

7. Das 11. Gebot

Vor einem jener Gespräche, bei denen man wie Hühner auf der Stange sitzt und mit dem Gesicht zum Publikum den Anschein zu erwecken sucht, sich mit den Leuten neben sich angeregt zu unterhalten – vor einem dieser jetzt üblichen Selbstdarstellungswettstreite also war der Veranstalter noch mit mir essen gegangen. Nun mache ich es im Westen so, daß ich mir möglichst was Gutes bestelle; unsereins hat ja noch manches nachzuholen. Allerdings setzte sich Herr C. vom Hessischen Rundfunk hinzu, der in einer Art dreinblickte, daß ich dem Ober sagte, er habe sich verhört, nicht Hüftsteak hätte ich bestellt, sondern Blattsalat.

Fressen Sie nicht soviel, sagte der Hessische Rundfunk trotzdem; wir kommen jetzt gleich zur Sache. – Zur Sache kommen hieß, daß sich auf der Hühnerstange jeder, der bis zuletzt im Osten geblieben war, dafür entschuldigen mußte. Als wären nicht zum Schluß noch ein paar Leute nötig gewesen, um »Wir sind das Volk« zu rufen. – Und wieso kommt in Ihren Texten niemals die Staatssicherheit vor? Eine niederschmetternde Frage. Weil sie berechtigt ist. Zwar mutet eine Forderung nach thematischer Vollständigkeit fast schon funktionärshaft an; doch wenigstens nach Bitterfeld, wo damals die Arbeiter offiziell hausten, hätte unsereins schon einmal gehen können. Was allerdings den Horch und Guck betraf, so wimmelt es in meinem Gesamtwerk, gemessen an dessen turnbeutelartigem Umfang, geradezu von Finsterhüten. Die in einem Fall sogar »Informanten« hießen, einfach weil ich damals nicht wußte, daß diese Burschen tatsächlich so hießen. – Weshalb ich davon erzähle? Ich möchte auf eine Hauptschwierigkeit beim deutsch-deutschen Dialog hinweisen.

Wenigstens meiner Generation fällt es immer noch schwer zu sagen: »Herr Lehrer, ich weiß was.« Sich zurückzuhalten und vorsichtshalber fast gar nichts zu wissen ist tief verinnerlicht. Selbstlob bis vor kurzem noch mental unmöglich gewesen. Denn wer da früher »ich weiß was« rief, hatte schnell eine geplättete FDJ-Bluse an und gehörte zu denen da anstatt zu uns. Und wäre dem Hessischen Rundfunk erst recht zum Opfer gefallen.

»Du sollst nicht Karriere machen«, hieß das elfte Gebot.

8. Erneutes Geständnis

Und doch bin ich Mitglied gewesen.

9. Gemeinsamer Liedgesang (I)

Die deutsch-deutsche Vereinigung ist unter den Weltproblemen eines der erfreulichsten. Wann je wäre jemand mit soviel Zartgefühl absorbiert worden wie wir. Und doch hat sich kaum einer richtig freuen können. Zwar hat der damalige Bundeskanzler anfangs zu singen versucht, ist aber ausgepfiffen worden. Das bedaure ich nachträglich, zumal ich in meinem linken Dünkel sicher mitgepfiffen hätte. Einmal, ein einziges Mal, hätten wir schon gemeinsam ein Lied singen sollen. Und sei es auch diese seltsame Hymne, die mit der Strophe, die gesungen wird, andauernd an die erinnert, die nicht gesungen wird.

10. Das nickende Wesen schlechthin

Der eher heiteren Vereinigungstatsache stand der große Ernst der Vergangenheitsaufarbeitung entgegen. Zwar sind die Nazispitzelakten bis heute nicht geöffnet, aber das wäre zuviel verlangt, neben die neueren Aktenberge auch noch die alten zu häufen. Das Vergangenheitsaufarbeitungsgrundprinzip: Dabeigewesen sind immer die anderen. – Dem Ernst der Bezichtigung entsprach das verbissene Schweigen der Bezichtigten. Und wenn sie sich doch einmal äußerten, hatten sie früher auch immer nur das Beste gewollt. – Wenn die letzten Jahre etwas lehrten, dann einzig die Tatsache, daß der Mensch zwar eine Sonde zum Mars zu schicken vermag, aber zur Selbsterkenntnis absolut unfähig ist. Sein Hirn ist einfach nicht eingerichtet dafür. Hirntätigkeit darauf aus, jeden Zweifel an sich selbst abzuwehren. Eine hohe Meinung von sich ist die verbreitetste Meinung, die einer von sich haben kann. Der Mensch das nickende Wesen schlechthin. Das sich inwendig unentwegt selber zunickt: Du bist gut, du bist gut, du bist gut.

11. Tugenden beichten

Jeder, so Goethe in einer Vorüberlegung zu Dichtung und Wahrheit, jeder, der eine Konfession schreibt, ist in einem gefährlichen Falle, lamentabel zu werden, weil man nur das

Morbose, das Sündige bekennt und niemals seine Tugenden beichten soll.

12. Der gescheiterte Deutschlandroman (I)

Mußte in dieser Bezichtigungskultur, in dieser Anpißgesellschaft nicht einmal einer versuchen, sich selbst zu befragen? Auch wenn seine Biographie nicht viel hergab; Anpassungswinzigkeiten, die kleineren Schweinereien, aus denen sich freilich am Ende gewiß auch die großen zusammensetzen?

Leider, leider: Es erzählte sich nicht. Selbst wenn ich Verfehlungen hinzuerfand, um mir genügend nachsagen zu können. Nicht nur der widrige Kontext, in dem ich schrieb, die Tatsache, daß in Deutschland doch nur mehr der Angriff verstanden wird und außerhalb Sachsens kaum Selbstironie... Ich gewann nicht einmal Selbstironie. Goethe, der ja in Wirklichkeit keinerlei Hemmungen besaß, seine Tugenden zu beichten, hatte, was das Morbose betraf, wieder mal recht gehabt: Ich war lamentabel geworden. Der Deutschlandroman von Anfang an ziemlich moralin-durchsäuert.

13. Dresdner Höflichkeit

»Hast du dich auch richtig bedankt, Thomas?« Ich nickte. Bedankt hatte ich mich immer schon richtig. Bin schon im Vorschulalter als der »höfliche Thomas« bekannt und beliebt gewesen. Ein innerer Danksagungszwang, der mehr oder weniger bis heute anhält.

Nun glaube ich zwar nicht, daß Höflichkeit von vornherein mit Opportunismus gleichzusetzen wäre – dann gäbe ja die heutige, ohne Gruß und Dank heranwachsende Generation zu den größten Hoffnungen Anlaß –, aber einen Zusammenhang gibt es schon. Zumal, wenn es sich um Dresdner Höflichkeit handelt. Sind doch die Dresdner schon vorzeiten Weltmeister im Sich-Verneigen gewesen, wenn nur der König von fern über die Brücke kam. – Kurzum, bin bis heute außerstande, jemals nein zu sagen. Man mache die Probe, man rufe mich an. Man stelle mir ein Ansinnen, irgendeins. Ich werde mit Freuden ja sagen und für den Umstand danken, daß es dieses Mal wieder kein Honorar geben wird. Höchstens, daß meine Frau zurückruft und leider absagen muß, weil ich Keuchhusten habe.

Beginnt so die Biographie eines Widerständlers?

14. Uniformen

Trotz behüteter Stadtrandkindheit hatte ich häufig Angst. Der Weltkrieg war ja erst ein paar Jahre vorüber und unheimlich das Erwachsenengemunkel. Hitler, Ulbricht, Adenauer oder Ollenhauer waren für mich eins. Faschisten oder Russen bildeten ein Amalgam mit Worten wie Angriff, Bomben, Erschießung, Vergewaltigung. Mythisch dunkel, furchtbesetzt. Im Haus nebenan sprang eine Frau aus dem Parterrefenster, weil auf der anderen Seite die Polizei an der Wohnungstür klingelte. Und jeden Tag kamen russische Offiziere durch unsere stille Straße, weil da ein Kürschner Pelze machte. – Hinter ihren Frauen zu zweit und zu dritt herzugehen und ihren Geruch einzuatmen, trauten wir uns schon; da mußten wir nicht sehr nah heran, eine solche Parfümfahne zogen sie hinter sich her. Vor ihren uniformierten Männern aber ergriffen wir schon von fern die Flucht; vor allem ich konnte rennen und rennen, bis ich in einer anderen Straße war und weinend da stand und nicht mehr wußte, wie nach Hause zurück. Denn soviel ahnte ich schon: daß das Weltelend mit Uniformen zusammenhing. Und einmal, als ich vom Ziegenmilchholen kam, war einer der Uniformierten mir direkt auf den Fersen. Und wieder rannte ich, im Rennen den Milchkrug derartig schlenkernd, daß, als ich endlich das Tor erreichte, nur noch ein Schwapp im Emaillekrug war.

»Aber Thomas. Das ist doch ein Eisenbahner.«

Noch am nächsten Tag auf der Straße eine Spur aus Milchspritzern bis an die Elbwiesen hinunter.

15. Historisches Aufatmen

Im Radio eine tiefe Frauenstimme, die in fremdartigem Deutsch immer wieder »Helft uns doch« rief. Heute weiß ich, daß das der Ungarnaufstand war. Oder die Mittwochssirenen, in denen auch für das Kind der Angriff auf Dresden nachklang. Einmal – ich beugte mich aus dem Fenster, weit hinaus in einen dieser in der Erinnerung stets sonnendurchschienenen Kindheitsvormittage – kam da ein besonders anhaltendes Geheul samt Schiffsgetute von der Elbe herauf: »Stalin ist gestorben«, sagte meine Mutter mit einem gewissen Triumph in der Stimme. Wer nur dieser Stalin war? – Oder der 17. Juni, an den ich, wohl durch bloße Angstübertragung, eine dunkle, dumpfe Erinnerung bewahre, obwohl ich noch nicht mal 4 Jahre alt gewesen sein kann: Durch eine besondere Nervosität um mich her; durch die Art, mit der sich die Eltern zum Fortgehn fertigmachten und mich, wie immer, wenn etwas anlag, bei den Nachbarn abgaben: »Du mußt jetzt mal ganz brav sein, wir sind *gleich* wieder da.« Wie auch durch die endlose Dämmerung, in der ich gewissermaßen noch heute mit meinem Holzbaukasten auf dem Fußboden liege und auf meine Eltern warte: »Die Arbeiter kommen«, schnappte ich auf, »die Pirnaer Landstraße langmarschiert.« Und ein etwas älteres Mädchen, deren Eltern bei uns auf der Straße »die Kommunisten« hießen, so daß mit ihm zu Spielen etwas Anrüchiges hatte, erläuterte mir hernach, daß ein Riese namens Kapitalismus die Republik kaputtmachen wollte, aber Walther Ulbricht hätte ihn auf den Elektrischen Stuhl gesetzt. – Kann jedenfalls die Resignation und Angst nachfühlen, die nach dem Auffahren der Panzer die Leute hier für Jahrzehnte befiel. Und hielt es noch 1989, als ich rings um die Innenstadt in Parks und Seitenstraßen die Einsatzwagen stehen sah, für so gut wie sicher, daß geschossen und interniert werden würde. So war für mich der 6. Oktober, als hier am Abend in Dresden – einen Tag vor Leipzig – die Prügelschilde doch heruntergenommen wurden und die ersten Einsatzkommandos in Zweierreihen abmarschierten, das eigentliche Datum des historischen Aufatmens. Und am 9. November die Öffnung der Mauer mehr nur ein Zusatzgeschenk.

16. Alarm

Habe ich wirklich erst bei der sogenannten Nationalen Volksarmee erfahren, daß es immerhin auch »Bausoldaten« gab, Leute ohne Gewehr? Da hätten mir meine Eltern bestimmte Dinge doch verschwiegen, um zu verhindern, daß ich mir Schwierigkeiten machte. – Schade, denn wäre ich gleich zu den Bausoldaten gegangen, müßte ich mich heute gewiß nicht über das Nicken verbreiten. – Nun, plötzlich selbst in Uniform, bekam ich meine Uniformangst an mir zu spüren. Keine Bretterwand niedrig genug, um nicht doch an ihr hängenzubleiben. Nur ein paar Kilometer marschieren, am Gürtel dieses Gebammel aus Kochgeschirr und Harpune – und ich blieb entkräftet zurück. Wenn einer Links-um zu mir sagte, wankte mein Selbstwertgefühl. Und das übliche Gebrüll und Herumgefeixe stauchte mein Denken ins Infantile zurück. So daß sie von vornherein mit mir machen konnten, was sie wollten; ob auch, so denke ich doch, nicht allzuviel mit mir anzufangen war. Hinzu kam eine angeborene Ungeschicklichkeit beim Umgang mit Riemen und Schnallen. So konnte es geschehen, daß ich, anläßlich eines nächtlichen Sirenengeheuls, in dem es darauf ankam, binnen weniger Minuten aus dem Bett zu fahren und kampfbereit auf dem Hof zu stehen, mich einmal im Dunklen vor dem Spind, im Gebrüll und Geschepper ringsher, in eine nicht enden wollende Auseinandersetzung mit den Teilen meiner Ausrüstung verwickelte und als allerletzter aus der Unterkunft trat. An dem Major vorbei, der, glaube ich, Sturmeid hieß. Ihn ordnungsgemäß grüßte unter meinem Eisenhut, dabei aber doch bemerkte, daß Sturmeid erstarrte; den Mund zwar öffnete, um einen seiner gefürchteten Brüllschreie zu formulieren, aber der Brüllschrei unhörbar blieb und mich erst hinterrücks erreichte, als ich schon vor den anderen stand: Vorschriftsmäßig behangen mit allem Überlebensgeschlenker, aber in Unterhosen.

Der Unterhosenauftritt machte mich berühmt. Meine Mitsoldaten hielten ihn für einen besonderen Widerstandsakt; ein Glauben, in dem ich sie ließ. Unmöglich, ihnen meine bei Alarmgeheul immer aufkommende geheime Furcht zu erklären, daß der dritte Weltkrieg ausgebrochen sein könnte. Feigheit, dieses Mal an der richtigen Stelle.

17. Feigheitsnicken

Daß der Feigheitsnicker einfach aus Feigheit nickt, muß nicht erst erläutert werden. Es ist eine Grundnickensform, die in anderen Formen des Nickens mitenthalten ist. Ebenso die Formel, mit der sich der Feigheitsnicker in jedem System zu rechtfertigen sucht: »Was bleibt mir anderes übrig... ich kann ja doch nichts machen.« – Und damit nicht unrecht hat. Wozu hätte der Mut sonst erst erfunden werden müssen. Der

Mut, der die Erkenntnis der eigenen Ohnmacht einschließt. – Neinsagen als Unterrichtsfach?

18. Gleichgültigkeitsnicken

Um das Gleichgültigkeitsnicken voll zur Entfaltung zu bringen, muß der Gleichgültigkeitsnicker den benickten Gegenstand für gleichgültig erklären. »Es kommt nicht so darauf an«, sagt er. »Mache du da mal mit.« Achtung, diese Nickensform eng verwandt mit dem

19. Gewohnheitsnicken,

das sich durch häufige Nickensanwendung aus allen Nikkensformen zu entwickeln vermag. – Hier aber rasch noch ein Wort zum Nickensvorgang selbst: Genickt wird in den meisten Fällen, um das Benickte hinter sich zu bringen. Das heißt, um nach dem Nicken sein eigentliches Leben erhobenen Haupts fortzusetzen. Allerdings zieht das Benickte meist weiteres Nicken nach sich. Wer einmal nickt, wird immer nicken.

20. Treueschwur

So kommt der Mensch zu seinen Mitgliedschaften. Und mancher Zeitgenosse wird, wenn er das Pech hat, unterhalb der Roten Fahne aufgewachsen zu sein, in jenen versunkenen Zeiten, die schon gar nicht mehr wahr sein können, beim Eintritt ins Erwachsenenalter anläßlich seiner Jugendweihe der großen Sache des Sozialismus ewige Treue geschworen haben. – Ob der Treueschwur noch gilt, wenn die Sache selbst untergegangen ist? Und was, wenn die große Sache in, sagen wir, fünftausend Jahren auf einmal wieder zum Vorschein kommt? Wird dann nicht der, der sich heute eigentlich Vorwürfe machen müßte, an dieser Unterwerfungsübung teilgenommen zu haben, dann wieder vor der Geschichte als Verräter dastehn, als der, der den Treueschwur brach?

21. Gemeinsamer Liedgesang (II)

Und sperrt man mich ein im finsteren Kerker,
das alles sind rein vergebliche Werke,
denn meine Gedanken zerreißen die Schranken;
es bleibet dabei, die Gedanken sind frei.

22. Spaniens Himmel

Vor Beginn des Unterrichts hatte die Schulklasse aufzustehen. Der Gruppenratsvorsitzende meldete: Klasse 7b zum Unterricht bereit. Dann kam der Pioniergruß: »Für Frieden und Sozialismus, seid bereit!« – »Immer bereit.« Nach dieser Dressurmaßnahme wurde manchmal ein Lied gesungen. Wer Geburtstag hatte, durfte eines benennen. Bestimmte Typen wählten »Spaniens Himmel«, wo sich Eiche auf Leiche reimte. Andere lieber: »Die Gedanken sind frei.« Beim Singen wurde das Wort »frei« betont, ja hervorgebrüllt. Musiklehrer H., der als erster Lehrer Nietenhosen trug und heimlich Jazzplatten verborgte, pflegte sich hierbei ausdrücklich von der Klasse abzuwenden, als könne er unser Gesinge nicht hören; heute vermute ich aber, daß er nur ungestört in sich hineingrinsen wollte. Um uns dann gleichwohl zusammenzustauchen und »Spaniens Himmel« singen zu lassen: »Aber ordentlich, bitte!«

23. Rote Birne

Tatsächlich ist die hier als Nicken bezeichnete Anpassung nur die eine Seite unserer Ostexistenz. Allerdings die zum fast ausschließlichen Geschichtsbild erstarrte, gegen das anzukommen schon vergeblich ist; ich jedenfalls bilde mir nicht ein, hier noch dagegen anfuchteln zu können. Zu viele hüben wie drüben an Vereinfachungen interessiert, weil sich mit Hilfe von Vereinfachungen eine Gegenwart besser bestätigen läßt, die das schon wieder nötig zu haben scheint. Jene Herren Westprofessoren etwa, die uns jetzt, von keiner eigenen Erfahrung angekränkelt, erklären, wie es bei uns im Osten war.

Jedenfalls ist die unter Schülern normale Aufsässigkeit in der Schuldiktatur oft auch eine politische gewesen. Von der Grundschule bis hin zum Leipziger Literaturinstitut, an dem ich viel später dann auch noch studierte, gab es eine renitentere Hälfte, die eigentlich das Sagen hatte, da sie mit den helleren Köpfen ausgestattet war (Ausnahme: Betriebswirtschaftsstudium, dort Duckmäuserdominanz). Wobei das in der Schule bestimmende plebejische Element mitgären half; galt im Osten doch soziale Mischung, indem ein ohnehin kleiner Teil der Klasse erst nach dem achten Schuljahr für höhere Schulen abgetrennt wurde. Nicht die Rabauken und Rabäukchen, sondern die geplätteten FDJ-Blusen sind die Außenseiter gewesen. Freilich, wenn es ernst wurde und einer herausgegriffen, saßen wir meist stumm in der Bank, und die geplättete Bluse war über uns gesetzt. – Das Pionierhalstuch jedenfalls habe ich nie selbst zu binden vermocht, wie heute übrigens auch keinen Schlips. Und die Hälfte meiner Schulklasse hat sich, das war Anfang der sechziger Jahre, immerhin noch ausschließlich konfirmieren lassen; und das, obwohl uns die Lehrer wochenlang bearbeitet hatten. Lehrer S. etwa auch die

Chemiestunden nutzte, um seinen sich rasch vor Zorn rötenden Kopf über uns leuchten zu lassen. Auch den Thomas knöpfte er sich extra vor. Und zwischen des Jugendfreunds Unfähigkeit, sich im Periodensystem der Elemente zurechtzufinden, und dessen Weigerung, die nötigen Konsequenzen aus dem Friedenskampf der Sowjetunion zu ziehen, bestand für ihn ein ursächlicher Zusammenhang, wenn er, mit dem Schlüsselbund auf das Pult klopfend, ein bedrohliches Sekundentropfgeräusch erzeugte, während ich mit dem Gefühl an der Tafel stand, daß meine Beine sich unter mir verknoteten.

»Wirst du dich jugendweihen lassen?«

»Natrium«, sagte ich.

»Magnesium. – Setzen, fünf.«

24. Mißbilligungsnasenlöcher

»Die Stalinallee ist doch bloß zu Propagandazwecken gebaut!«

Dies ist mein erster mir erinnerlicher oppositioneller Satz.

Die Reaktion des Grundschullehrers war die, mir mit seinem etwas eiförmigen Neulehrerkopf immer näher zu kommen, so daß ich, aus der Schulbank ihm entgegenstarrend, fortwährend in die sonderbar kahlen, innen etwas geröteten, ovalen Nasenlöcher sehen mußte.

»Wo hast du das her?«

Meine Antwort weiß ich nicht mehr. War aber wohl in diesen fünfziger Jahren, wo die Leute fürs Erzählen politischer Witze schon ins Gefängnis kamen, gewiß bereits gewitzt genug, nicht meinen Vater zu nennen. – Lange standen die kahlen Nasenlöcher über mir, ovale Bedrohungsöffnungen: »Wo-hast-du-das-her?« Ganz sind sie, fürchte ich, bis heute nicht über mir verschwunden. Selbst beim Schreiben, wenn ich mir mal ein bißchen aufmüpfig vorkomme, scheinen sie auf einmal über meinem nach vorn gebeugten Schädel zu schweben: Wo-hast-du-das-her? Während mich wie damals ein unterdrücktes Mädchenkichern aus der hinteren Bankreihe zu ermutigen scheint, die Mißbilligungsnasenlöcher über mir auszuhalten und wenigstens diesen Satz noch zu Ende zu schreiben: »Wo-hast-du-das-her?«

25. Das Duckmäuserproblem

War dieses System nun eigentlich totalitär oder eine sogenannte Nischengesellschaft? Totalitär besagt, daß das Leben des einzelnen bis ins letzte vom Staat bestimmt worden ist, wogegen Nischengesellschaft meint, daß man sich in einem bestimmten Maße doch entziehen konnte.

Schließen beide Begriffe nicht einander aus? Freilich, der einzelne erkennt sich in ihnen ohnehin kaum; in einer Nische möchte ich auch nicht gestanden haben und wenigstens ab und zu ein Bier trinken gegangen sein. – Das dominierende Geschichtsbild aber, das immer schon eher westmediengestützte, ist das totalitäre. Nun entsprechen ihm die Beschreibungen derjenigen, die unter diesem System am meisten zu leiden hatten. – Um also bitte nicht mißverstanden zu werden: Wer, wenn nicht sie, haben die wahre DDR kennengelernt? Wer anders sollte ein System am besten kennenlernen, wenn nicht der, der seine Grenzen mutig überschreitet? Seine Beschreibungen sind die gültigsten. Und liegen in diesem Fall ja nicht außerhalb anderer Erfahrungen: Hinter der Mauer haben wir alle gesessen. Und dennoch hat unsereins *auch* noch *etwas* andere Erfahrungen. Wohl weil einander eigentlich ausschließende Wirklichkeiten nebeneinanderher existierten, sich durchdrangen und ergänzten. Oder, schärfer gegen mich selbst formuliert – als Duckmäuserproblem: Geringerer Widerstand ruft geringeren Widerstand hervor, so daß geringerer Widerstand gerechtfertigt erscheint. – Und dennoch kann ich jetzt nicht meine Biographie umschreiben, nur damit sie den herrschenden Beschreibungen entspricht. Und sich, wie hieß das Wort?, kompatibel verhält. Eben weil das *schon wieder* Anpassung wäre.

26. Lehrer Brinkel

Ein Mann, Schuhgröße 46, sieben Kinder, katholisch. Zu meiner Renitenzbehauptung will leider wenig passen, daß wir ausgerechnet bei ihm, dem völlig Unpolitischen, am meisten Terror veranstaltet haben und während des Unterrichts mit Blumentöpfen warfen. Das hätten wir uns bei Rote Birne niemals getraut. Im Gegenteil, in ihrer schneidenden, einzelne Schüler gelegentlich bevorzugenden Art war Rote Birne bei manchen, weil gefürchtet, beliebt; so wie es autoritäre Lehrer oft eher leichter haben. Den auf sie fallenden Haß die anderen entgelten müssen, Lehrer Brinkel zum Beispiel: Schuhgröße 46, sieben Kinder, katholisch. Und unendlich traurige, rotunterlaufene Augen, wenn er als hagerer Riese die ganze Schulstunde stumm auf die unter ihm herumtobenden Zwerge schaute. Übrigens ist, was den leicht zorneskopfigen, hier als Rote Birne bezeichneten Lehrer betrifft, meine Frau sich sicher, in der neunten Klasse gleich eine schlechtere Gesamtnote bekommen zu haben, nur weil sie ausgerechnet mit mir Hand in Hand durchs Schulwäldchen gegangen ist. Da wäre ich ja doch, hurra, als negatives Element eingestuft gewesen. Habe ja auch in der Abschlußprüfung im Fach Literatur eine Fünf bekommen, weil ich, Herr C. vom Hessischen Rundfunk!, mich geweigert habe, »Wie der Stahl gehärtet wurde« auch nur zur Kenntnis zu nehmen. – Freilich – um die Kompliziertheit der Vergangenheit wenigstens anzudeuten: Selbst jener doktrinäre Lehrer hat später seinen Direktorenposten wieder abgeben müssen, weil sein Sohn nach dem Westen abgehauen war: Rote Birne ein Opfer der Roten.

27. Schlechte Nachricht

Selbst der Parteisekretär im Dresdner Schriftstellerverband war mir in den achtziger Jahren immer eher wie Hiob erschienen. Sein leicht gequältes, ergeben resignierendes Lächeln, die wegwerfende Armbewegung: »Einer muß es ja machen.« Auch hat er sich nur noch in Ausnahmefällen mit dem hierfür vorgesehenen Blechabzeichen stigmatisiert. Was ihn nicht hinderte, am Schluß der Versammlung doch noch auf die Linie zuzuschliddern: »Bitte, habt Verständnis, Genossen.« Oder mich darauf hinzuweisen, daß eine damals berühmte, avantgardistische Anthologie, in die, vielleicht versehentlich, ein Gedicht von mir aufgenommen worden war, »nun aber wirklich feindlich« sei. –

War jedoch das Zwangssystem auch ein System von Systemausfällen und mangelhaft funktionierenden Funktionären, so ist das für die Vorsichtigeren unter uns eine eher schlechte Nachricht. Und vielleicht auch ein Grund dafür, daß mancher von den Vorsichtigeren eine selbst gar nicht so kraß erlebte Vergangenheit heute nicht ungern bestätigt, weil sie ihm das Alibi liefert, damals ja nichts machen gekonnt zu haben. Denn je geringer der Zwang, desto größer unser, nein, besser, mein Versagen. Ein Versagen, mit dem ich leben kann und das mir doch mein Leben lang nachgehen wird. – Selbst wenn ich mich am 1. Mai meist drückte (Keuchhustenmethode) oder kurz vor dem Tribünenvorbeimarsch hinter einer eigenes hierfür aufgestellten Litfaßsäule verschwand. Ob einer wie ich noch träumen darf, jemals ein Dichter zu sein, wenn er auch nur ein einziges Mal an den von der Tribüne herabschauenden Staatsochsen vorbeigetrottet ist?

28. Russischunterricht

»Mitglied bei den Jungpionieren?« – »Ja.«

»Mitglied in der Freien Deutschen Jugend?« – »Ja.«

»Mitglied in der Deutsch-Sowjetischen-Freundschaft?« – »Ja.«

»Mitglied im Gewerkschaftsbund?« – »Ja.«

Mitglied war fast jeder, weil fast jeder Mitglied war; siehe Gewohnheitsnicken. Selbst in meiner Schulklasse hat es da nur eine einzige Ausnahme gegeben.

»Angelika, warum bist nicht in der FDJ?«

»Ich glaube an Gott«, sagte sie. Und ich erinnere mich, wie peinlich mir die Antwort war. Bekennermut hat oft etwas Lächerliches. Auch wer heute öffentlich vom »Hunger in der Welt« redet, hat leicht ironisch gekräuselte Stirnen gegen sich: »Kannst du nicht mal über was anderes reden?« – Erinnere mich, daß diejenigen, die als Dissidenten über Westrundfunk von den Toten an der Berliner Mauer sprachen, mir manchmal auch auf die Nerven gegangen sind: »Können die nicht mal über was anderes reden?« Dennoch bleibe ich bei meiner Auch-Aufmüpfigkeits-These, wenigstens was die Schule betrifft. Freilich, wir hielten uns meist an die Frageform. Fragen stellen durfte man, zumindest größtenteils. Und die Antworten erschwerten das Denken beträchtlich: »Warum gibt es keine Butter?« – »Die Machenschaften der Bonner Ultras.« – Wieviel Zeit habe ich, während Gleichaltrige im Westen Latein lernten, damit verbracht, allen Ernstes darüber nachzudenken, wieso die »Arbeiterklasse«, obwohl in den Kohlegruben beschäftigt, im Staat die »führende Rolle« besaß: ein mythischer Vorgang von Machtübertragung. – Ach, von der im Osten überreichlich vorhandenen Zeit ist viel Zeit verlorengegangen. – Als ich in der neueren

Zeit einmal zu einem Symposium nach Amsterdam eingeladen war, hatte ich gleich darauf hingewiesen, infolge Ostvergangenheit kein Englisch zu können. »Macht nichts«, hieß es, doch erst als sie mich dabei ertappten, daß ich bei einer Diskussion stets an der falschen Stelle lachte, mußten sie einsehen, daß dieser Mensch wirklich kein Englisch verstand. »Macht nichts«, hieß es wiederum, »Sie haben dafür ja Russisch gelernt.« »Nicht einmal das«, sagte ich. – Neun Jahre Russischunterricht, und sich gerade *straßtwuidje*, was »Guten Tag« heißt, merken: wenn das kein Widerstand ist. Dieses Mal freilich an der falschen Stelle.

29. Ein Gespräch von damals (I)

»Sind Sie in der SED?«
»Ja.«
»Fein. – Hätte nicht gedacht, daß du Genosse bist, Thomas.«

30. Das große Verwundern

Schon als Kind bin ich ein eifriger Kirchgänger gewesen. Zum Kirchgang durften wir die weißen Kniestrümpfe anziehen. In diesen versunkenen Zeiten, da unsere Eltern noch wußten, was ein Sonntag ist. Und wenn oben die Orgel einsetzte und auch der Pfarrer was sagte und draußen vor dem Kirchenfenster sich im schweren dunklen Licht das Grün auf und nieder bewegte, habe ich wie nie wieder eine Anrührung verspürt, eine Art Transzendenzschauer. Religiosität also, die nach einem Satz von Thomas Müntzer nichts anderes ist als ein großes Verwundern, das sich in der Kindheit auf einen niedersenkt.

31. Der Heilige drei König

Von der Ich-überschreitenden Erfahrung muß es nicht unbedingt weit sein bis zum Weltverbesserungsgedanken. Wenn Ich nicht nur Ich sein muß, sondern Antennen ins Unendliche hat, ist vielleicht auch die Welt ein bißchen ins Bessere angelegt. Ein Gedanke, der sich gerade deshalb lohnt, weil jahrtausendalte Erfahrung gegen ihn spricht. – Und das hatten sie uns in der Kirche genau erklärt, warum das Kind in einem Stall geboren wird und zerrissene Windeln hat. Ich-Erlösung, Welt-Erlösung kann ich auch heute noch schwer auseinanderhalten. Hunger nach Transzendenz, utopisches Denken, auch eine Dimension des Menschen; und eben nicht nur ersetzbar durch bloße Gegenwart. Nicht nur Ideologie, nicht einfach gleichzusetzen mit dem Versuch, anderen etwas aufzuzwingen – wie eben jetzt so gern zur Behauptung des Jetzt behauptet wird. – Denke ich, meine ich. Doch setze hinzu, daß mir, je älter ich werde, auch schon der jetzige Tag immer bedeutender vorkommt. Zu leben, zu überleben – auch eine Utopie. – Ach, wie viele Mißverständnisse, zum Beispiel in unseren fürchterlichen deutsch-deutschen Gesprächen, kommen wohl einfach daher, daß hier zwei Weltsichten einander nicht einmal tangieren: Eine, die immer *auch* eine freilich undeutliche Zukunft meint, und eine, die diese Gegenwart einfach nimmt, wie sie ist; sich, nicht zu Unrecht, auf das Kleine beschränkt und es, ebenfalls nicht zu Unrecht, weltgeschichtlich für ausreichend hält, sich um seine Familie zu kümmern. – Nur daß der Anteil der reinen Gegenwartsmenschen, von Jahr zu Jahr angestiegen, nun bereits 98,8 % beträgt, so daß unsereins allmählich unter Naturschutz gestellt werden müßte.

Von ganz weit her kommend war ich als Heiliger drei König durchs Kirchentor getreten. Mit schwarzgeschmiertem Gesicht und einer Keksdose (West) voller Räucherkerzchen:

Meine Füße tun mir weh.
Ob ich je Herrn Jesus seh?

32. Fahnenappell

Den Weltveränderungsgedanken haben die Jungen Pioniere allerdings rasch an sich gerissen. Ein Gedicht von einem gewissen Kahlau aufzusagen, hatte ich abgelehnt: »Das reimt sich nicht mal.« – Aber Becher reimte sich. Ging also Richtung Fahnenstange in meiner, mir von meiner Mutter nach einem Gewinn in der Sächsischen Landeslotterie gekauften Lederhose, die – »du wächst noch, Thomas« – von einem solchen Ausmaß war, daß sie an den Hosenträgern vollkommen frei an mir hing und mich wie ein Eimer umstand, der sich mit jedem Schritt um mich herum hin und her bewegte. Wobei die Hose hinten in einen riesigen Zacken auslief. Und dieser Hinterneckzacken im Gehn einmal auf die Jungpioniere zur rechten und einmal auf die Jungpioniere zur linken hinwies. Bis ich mich nach vorn umdrehte. Um – das Halstuch gezipfelt über dem Hosenträger mit dem springenden Hirsch – die Worte des Becher Johannes ins Karree zu schleudern, als ob es meine eigenen wären. Als ob ich selbst dieser Lenin sei, der im Gedicht an den Schlaf der Welt rührte, mit Worten, die Blitze waren und auf Schienen und Flüssen dahergefahren kamen gegen die Hungersnot. So daß ich auch hier einen gewissen Sakralrückenschauer verspürte. Doch plötzlich steckenblieb zwischen den noch hervorzustampfenden Traktoren und Bohrtürmen. Und die andern mich anstarren sah, so daß mir schon mal dämmerte, was das ist, eine Ewigkeit. Und unter ihrem Gekicher langsam ins Karree zurückging mit melancholisch hin und her deutendem Hinterneckzacken. Dessen Ausmaße bereits anzudeuten schienen, was da für ein Arsch noch hineinwachsen konnte.

33. Tom, der Reimer (I)

Doch vollständig reinen Herzens habe ich wohl bereits den R. Becher nicht angesagt und ein leises Unbehagen gespürt, in meiner Brust unter dem springenden Hosenträgerhirsch. Zu sehr war die Weltbefreiung mit Flaggenhissen und Militärgebaren verknüpft. Auch hätte mich mein Vater niemals unter die Fahnenstange hintreten sehen dürfen. So daß sich da wohl von meinem Ich schon ein heimliches Mitglieds-Ich abzulösen begann, dem auch daran gelegen war, dem Thomas ein Lob einzubringen für gutes Gedichtsansagen. Trotz 11. Gebots: Du sollst nicht Karriere machen. Genauer erinnere ich mich meines schlechten Gewissens, als ich, nun schon Lehrling im Holzhandel, anläßlich eines Schülerwettbewerbs Brot auf Morgenrot reimte – einerseits verblüfft, wie leicht das ging – da konnte man ja gleich zum R. Becher werden –, andererseits aber doch mit dem undeutlichen Gefühl, Brot auf Morgenrot schon einmal gehört zu haben. Blieb zum Glück unbeachtet unter den Morgenrotdichtern.

34. Ein paar Sätze über meinen Vater

Mein Vater war das, was man im Osten einen Kapitalisten nannte. Er besaß zwei kleinere Betriebe, beschäftigte in seinem Garten ständig Rentner zum Umgraben und Einbringen von Schweinemist, pflanzte und wässerte selbst Hunderte von Koniferen, sang einmal im Jahr vor Publikum die Schöne

Müllerin, ging dienstags in die Sauna und donnerstags in den Wald. War Kommunistenhasser (ein merkwürdiges Gefühl, das Wort jetzt auszusprechen, wo es so einfach geworden ist, das Wort auszusprechen, fast schon wieder anpasserisch). Jedenfalls paßt mein Vater nun wirklich nicht in das Raster der herrschenden Beschreibungen unserer Hammer-Zirkel-Ehrenkranz-Existenz; er hatte die Faust nicht bloß in der Tasche geballt, um ansonsten die Hand zu heben: schon weil er eine wirkliche Persönlichkeit war und vor allem tat, was ihm paßte. – Den Untergang der DDR prophezeite er jeden Tag. Wenn er mich, was kaum vorkam, in vorsorglich von fremder Hand gebundenem Pionierhalstuch antraf, rastete er aus. Und einmal, als ich als ganz kleiner Knirps mit einem mir soeben geschenkten roten 1.-Mai-Fähnchen angerannt kam, riß er es mir aus der Hand und zertrampelte es. Ich lief mit dem zerknickten Fähnchen vor dem tobenden Vater durch den Garten her und schrie die Nachbarschaft zusammen. Bis mir eine Nachbartante ein rasch zusammengebasteltes Fähnchen schenkte; aus garantiert neutralem, weißem Zeichenkarton. Das freilich gar nicht rattern wollte, im Gegensatz zur Arbeiterfahne.

Nicht daß ich hierauf geschlossen zum Kommunismus übergegangen wäre. Doch immerhin hatte die Ostwut meines Vaters schon etwas Rechthaberisches. Behauptungen wie die, daß der Russe in Buchenwald auch ein Konzentrationslager gehabt hätte, pflegte er als einen Vorwurf an mich zu formulieren, als ob ich der Russe wäre. Und viel später dann, als ich etwa achtzehn war, hörte ich ganz auf, ihm dergleichen zu glauben, und schrieb zum Beispiel die Konzentrationslagergeschichte seinem Russenhaß zu. Unbewußt vielleicht auch, um wirklich gefährliches Wissen auf diese Weise loszubekommen.

Wer aber versucht nicht seinen Vater lebenslang zu widerlegen?

Noch nach seinem frühen Tod ist mein Antrag auf Aufnahme in jene Partei, die damals Die Partei hieß, vor allem eine Aktion gegen ihn gewesen. Im Jahre 1989 freilich habe ich ihm in allen Punkten recht geben müssen. Falls es ein Rechthaben in alle Ewigkeit gibt. – War ich als Kind mit ihm im Kontor, wo er Anweisungen gab und der Lagerverwalter »in Ordnung, Chef« sagte, bin ich, bilde ich mir ein, nicht nur stolz darauf gewesen, der Sohn des Chefs zu sein. »Seltsam«, glaube ich, dachte ich damals, »daß alles hier uns gehört. Und Herr Kotsch die Sackkarre für meinen Vater über den Hof schieben muß.« Und ganz normal kommt mir das auch heute noch nicht vor. – Bin jedenfalls nicht böse gewesen, nach 1989 keine Besitzansprüche gehabt zu haben ... obwohl, nun ja, ein paar Mark ... Doch muß der längst gestorbene Kotsch die Karre dann nicht auch für mich immer weiter über den Hof meines Vaters fortschieben?

35. Ein unbekannter Onkel

Ja, selbst der vielgerühmte Antifaschismus hat, wie alle Propaganda damals, eher das Gegenteil bewirkt. So daß sich Renitenz gegen den Arbeiter-und-Bauern-Staat häufig mit bösen Sprüchen aus dem Vorgängerregime vermischte, dessen Propaganda wirksamer war. – Eine auch spießige Atmosphäre, von der sich ein junger Mann schon abheben wollen konnte. Und hatten die da oben nicht wenigstens gegen Hitler gekämpft, wogegen im Westen scheinbar alles weiterging? Immerhin, ich selber hatte einen Onkel, der, wie gemunkelt wurde, in der Nazizeit an Erschießungen teilgenommen haben sollte. Im Westen fühlte er sich sicher. In den Osten kam er nie.

36. *Utopiefalle (I)*

Eine Möglichkeit schien es zu geben, zwischen Ulbricht und Adenauer, den Nasenlöchern des Lehrers und der Fahnenzertramplungswut meines Vaters hindurchzuschlüpfen: Den »ersten wahrhaft friedliebenden, wahrhaft demokratischen Arbeiter-und-Bauern-Staat auf deutschem Boden« mit seinen gigantischen Ansprüchen zu konfrontieren. Ja zu sagen, ohne die Gegenwart zu bejahen. Kritisch zu sein, ohne »feindlich« zu sein. So, unterdessen vorübergehend Atheist geworden, blieb mir, meinen Transzendenzhunger zu stillen, scheinbar nur der Sozialismusverbesserungsweg. Lektüre – so um die zwanzig herum, ich war ein Spätentwickler –, und zwar nicht nur die Gedichte Volker Brauns, sondern etwa auch Kunerts, später auch Biermanntexte auf Durchschlagpapier, wirkten in diese Richtung. Bei einem – das Wort klang schon damals furchtbar – »FDJ-Poetenseminar« – lernte der immer noch naive Thomas Gleichaltrige kennen, die eine für ihn verblüffend freche Sprache sprachen und dabei auch – selbst wenn sie das nicht mehr an die große Glocke hängen – den einzigen, den wirklich wahrhaftigen Sozialismus meinten. Die Utopiefalle stand weit offen.

37. *Einnicken*

Daß ich als längst schon Lesewahnsinniger nach Armee und Abitur ausgerechnet die mir von Natur her feindliche Ökonomie studiert habe, ist symptomatisch für mich, meine Lenkbarkeit von außen, die Unfähigkeit, nein zu sagen. Angeblich war nichts anderes frei, und da unsereins im Osten unendlich viel Lebenszeit zu haben schien, studierte ich eben das, was ich studieren sollte. Siehe Gleichgültigkeitsnicken.

Meine Vorlesungsmitschriften bestanden vor allem aus Abkürzungen: Für Lenin Le, für Marx Mx. Neben den Gewinn G wurde ein Pfeil nach oben gemacht, die Selbstkosten Sk bekamen einen Pfeil nach unten. Der Weg des Sozialismus war eine ansteigende Gerade im Koordinatensystem, die Zuwachsraten hyperbelten ins Unendliche: Formalisierung, die mit dem Denken auch Auflehnung ausschloß. Und von einer unendlichen Vorlesungsmüdigkeit begleitet war. Einnicken – auch eine Hauptnickensform. Und doch verdanke ich – denn immer kann der Mensch nicht schlafen – gerade dem tonnenweise auf die Studentenköpfe herabgewälzten Sprachmüll, daß ich mich zu wehren begann; unbewußt eine Gegensprache suchte; Individuation. Las meist Sachen außerhalb jeder Politik; Mörike, Eichendorff, den Anti-Becher Bobrowski, Rilke natürlich und Hölderlin. Schwänzte wochenlang, versuchte Gedichte zu schreiben. Setzte damit jenen Teil meiner Biographie fort, der nicht zu verstaatlichen ist, nicht einmal nachträglich und auch nicht durch mich selbst.

38. Jahresendflügelfiguren

Im Fernsehn ein Vorbeimarsch von damals. Ein Meer von Fahnen und Blauhemden, das sich an kahlen Wänden bricht. »Die Kampfreserve der Arbeiterklasse«, sagt der Sprecher von damals, und der Sprecher von heute ergänzt: »Die Jugend der DDR«. »Da war ich nie dabei«, möchte ich rufen und flute vor der Geschichte und Herrn C. vom Hessischen Rundfunk unabweisbar im Blauhemd dahin. – Fernseher aus, Radio an: »Die Leuchterengel aus dem Erzgebirge«, berichtet der Sprecher von heute, »hießen in der DDR *Jahresendflügelfiguren.*« – »Bei mir doch nicht«, möchte ich rufen, »das stand an den

Dingern bloß dran«, aber da kommt schon Musik. Und unabweisbar vor der Geschichte und Herrn C. vom Hessischen Rundfunk habe ich die Leuchterengel »Jahresendflügelfiguren« genannt. – Sei's drum, der Herrgott wird's verzeihen.

39. Die Unterhosenhoffnung

Als 1968 in Prag einmarschiert wurde, war ich 21jährig, gerade bei der Armee. Las eben die Gedichte Georg Heyms, der 18jährig beim Eislauf ertrank. Und als wir uns heimlich fragten, was zu machen sei, wenn wir schießen müßten, habe ich erklärt, mich vorher umzubringen. Ich glaube, das war ernst gemeint. Bald gab es Gerüchte, daß auch wir demnächst auf den Lastwagen kämen. Und solange wollte ich warten, bis ich wirklich wußte, daß ich schießen sollte. Und wenn es dazu gekommen wäre? Großer Himmel, es ist ja das Jahr gewesen, in dem ich geheiratet habe. Da hätte ich wohl losgeballert, mit dem Bild eines wirklichen Engels vor Augen. Oder ich hätte – hoffe ich, bitte ich mich nun – wenigstens durchgedreht und wäre in Unterhosen Prag erobern gegangen.

40. Utopiefalle (II)

Wohl zum erstenmal überstiegen 1968 meine Ängste die der Kinderzeit. Und ich habe, wie erst 1989 wieder, nachts unentwegt mit dem Ohr am Transistorradio gehangen und nach dem Westen gelauscht. Ungarnaufstand, 17. Juni ... die große Sache verschwand, und einzig und allein das Wort »diese Schweine« blieb übrig. Ja, für ein paar Wochen, glaube ich, denke ich, hatte ich von diesem System schon einmal Abschied genommen. Bis allmählich mit der Behauptung, daß nebenan der Sozialismus verraten worden sei, auch der Sozialismus wieder zum Vorschein kam. Weniger weil ich diese Behauptung glaubte, sondern indem ich mir zu sagen begann, daß Prag nur ein weiterer Anlauf war. Daß es einen demokratischen Sozialismus *doch* gab, wenn sie ihn in Prag *auch* wollten. Und gerade die Tatsache, daß der Prager Frühling niedergeschlagen werden mußte, schien mir der Beweis für seine Lebensfähigkeit. Bis zum Jahr zweitausend hatte ich noch warten wollen.

41. Schwarze Hand

Wer in der »Nationalen Volksarmee« war, darf als vorbestraft gelten. Dies unterliegt keinen Einschränkungen. Hier war es so, wie behauptet wird, daß es war. Höchstens daß auch manchmal die Sonne schien. Höchstens daß jeder Armeemensch, der nicht erschossen wurde, im nachhinein immer meint, es persönlich noch ganz gut getroffen zu haben.

Hockte Nacht für Nacht lesend vor einem altertümlichen, braunen Holzkasten mit Schaltern, Buchsen, Lämpchen. Wenn aber vorn in dem Kasten eines der grünen, gelben oder roten Lämpchen aufblinkte, saß jemand im sogenannten Objekt vermutlich am Telefon und wollte verbunden werden (»Zentrale, bitte?« – »die Hunderteins, aber dalli«), das heißt mit Hilfe eines Steckers in eine Buchse umgesteckt, um einem anderen Uniformierten etwas ins Ohr zu sagen. Manchmal allerdings – wenn ich die Zusatzklingel einfach ausgemacht hatte und aus dem Telefonverbindungskasten, in dem ich, zwischen Drähten, einen Plattenspieler versteckt hielt, die Bachkantate 82, »Ich habe genug«, erklang – hat, während ich außerdem über Heine, Hemingway oder Thomas Wolfe gebeugt saß, manches Lämpchen lange vergeblich auf Anschluß warten müssen und gleich einer verlorenen Seele stundenlang hinaus in die Nacht geblinkert. Und es ist vorgekommen, daß, wenn ich von meinem Buch hochschaute, plötzlich der ganze Kasten voller glimmender und aufgeregt zuckender Lämpchen war, ein ganzer Sternenhimmel voller tobender Militärs. Die, je nach Rangordnung (»Zentrale, du schläfst wohl?«), von oben nach unten abgearbeitet werden wollten. – Mitunter hörte ich auch ein bißchen mit. »Zentrale raus«, hieß der Ruf, wenn sie es mitbekamen. Oder ich gönnte mir die Freude, zwei ausgewählte Nummern meinerseits anzuklingeln und die dahintersitzenden Militärs ohne Befehl miteinander zu verknüpfen. Um ihrem – »Ja bitte?« – »Was heißt hier ja bitte?« – »Du hast doch angerufen, du Nieswurz« –, um, wie gesagt, ihrem sich langsam ins öchsische steigernden Gespräch zu lauschen, bis das ganze, direkt aus der Nazizeit übernommene Vokabular der Mützenhirne zur vollen Entfaltung kam.

Wenn freilich einmal das schmutzigviolette Lämpchen fünfte Reihe links vor sich hin zu schmulen begann, war auch in meinem Kopf Alarm, denn das war die »Schwarze Hand«. Herzklopfen bis zum Hals, wenn ich mich bei ihr einklinkte und meinerseits den Horchdienst abhörte. So immerhin einem Mitsoldaten sagen konnte, daß die Schwarze Hand hinter ihm her sei. – Freilich, nach der Prag-Einmarschzeit haben sie ihn dann doch abgeholt. Mir war es indessen gelungen, mich im Militärkrankenhaus einer Mandeloperation zu unterziehen (Keuchhustenmethode); doch als ich wiederkam und der Staatsanwalt uns zusammenbrüllte und ihn als feindliches Element bezeichnete, das dazu aufgefordert hatte, beim eventuellen Einmarsch in Prag lieber gleich das Gewehrschloß aus der Maschinenpistole zu nehmen – habe auch ich geschwiegen unter den Bedrohungsnasenlöchern. Daß ich an diesem Punkt meiner Biographie nicht selber zum feindlichen Element geworden bin, erscheint mir jetzt unerklärlich. Nicht nur »Utopiefalle«, sondern eben jene Feigheit, die eine wirklich gefährliche Meinung zu verhindern wußte.

42. Der gescheiterte Deutschlandroman (II)

Kollegen, denen ich von meinem Romanvorhaben erzählte, rieten mir ebenfalls dringend ab: Selbst was du nur erfunden hast, werden sie gegen dich verwenden. Die tragen ja erst recht eine Maske. Eine Bißhemmung haben die nicht. – Wozu über das Stöckchen springen, das sie uns hinhalten?

Und wirklich war mir dergleichen bei meinem vergeblichen Romanversuch ein Problem: daß jedes Eingeständnis im deutsch-deutschen Kontext zur Unterwerfungsgeste wird. Schon wieder zu einer Art Nicken in Richtung Übermacht. – Nicht daß nicht gefragt werden dürfte, von hüben wie von drüben. Doch oft ist schon am Ton erkennbar, welche Absicht der Frager hat: ob er persönlich angreifen will oder sich tatsächlich für die Anpassungsmechanismen interessiert, weil sie womöglich sogar bei ihm selbst vorkommen könnten. Ob er wenigstens ahnt, wie unmerklich Verstrickung vor sich geht. Oder ob er sich eben auch für unfehlbar hält. – Demut, ein Fremdwort in Deutschland.

Doch selbst wenn es das Stöckchen wäre, das »sie« uns hinhielten, und unsereins darübersprãnge, er spränge nicht um ihret-, sondern um seinetwillen, und sei es nur, um sich selber das Hüpfen zu bewahren.

43. Fensterbeichte

Einfach nicht daran denken, an seine Mitgliedschaft zu denken? Geht da nicht auch ein bißchen Ich-selbst verloren, hinter einem Rechtfertigungsgitter? Sollte unsereins nicht, insofern er nicht über die Gnade einer Westgeburt verfügt – wenigstens einmal im Jahr, am dritten Oktober etwa, dem

Vereinigungstag, frühmorgens das Fenster öffnen, nein, nicht um eine Fahne herauszuhängen, sondern nur seinen Kopf. Auf daß auch er den anderen seine Mitgliedschaft zurufe?

»Ich war« (das leichte zuerst) »im Kleintierzüchterverband!«

»Ich in der FDJ! – Gruppenratsvorsitzender!«

»Ich Nicker beim FDGB!«

»Und ich bei der DSF (Mitgliedsbuchmarkenausteiler)!«

»Und ich in der CDU! Bin es sogar heute noch! Super, wie das geklappt hat, nicht wahr?«

»Kampfgruppe!« meldet sich nun eine harsche Stimme zu Wort. Und plötzlich ruft keiner mehr was. Nun, da bin ich wohl dran. Wo, zum Teufel, war ich doch gleich, ach ja: »In der SED!«

Besonders schön aber wäre es, wenn sich im Bekenntnistaumel auch noch ein paar andere Stimmen einmischten:

»Ich war IM Hölderlin, Gott steh meiner Seele bei!«

»Und ich, der Fritz-Rudolf, habe euch auch verpfiffen!«

»Und ich, die Monika, mußte hin und wieder etwas schwätzen, weil ich immer bei denen sein muß, die das Sagen haben!«

44. Tom, der Reimer (II)

Freilich, das erste von mir gedruckte, vermutlich eher noch aus Morgenrot-Brot-Zeiten stammende Gedicht... mein Gott, wenn das Herr C. vom Hessischen Rundfunk ausgräbt. Muß ihm zuvorkommen. Sofort zum Bücherschrank, Sonderheft Poesiealbum 1972, S. 12, ach, du liebes bissel, da haben wir ihn, Tom den Reimer.

»Kräne sagen an die beßren Zeiten«

»Wer hat denn das geschrieben?«

»Du. Das Mitglieds-Ich. Der Riesenhosenzackenarsch.«

»Unsinn, guck dir das Ding doch mal an. Nur der Becher, Johannes hat so schön dichten können.«

45. Strafabdruck, Sonderheft Poetenseminar 1972, S. 12

Die Stadt

Die große Stadt hat Sehnsucht nach dem Schweigen
der Wälder, die in tiefem Schatten stehn,
der Wolken oben, die so fern hingehn,
nach weiten Wiesen, die sich seehin neigen.

Die Stadt ist selbst voll Unermeßlichkeiten,
wenn Plätze, Straßen toll im Lärm zergehn,
Gesichter kommen und vorüberwehn,
wenn Kräne sagen an die beßren Zeiten:

Da blühen Blumen, niegekannt. Da weiten
die Straßen sich und Häuser schwingen,
auf Türmen läuten Glocken, Brücken singen.

Ich lieb die Stadt und ihre Fröhlichkeiten.
Jedoch, mag ebenso die stillen Seen
und wollte, beides sollt in mir bestehn.

46. Ich nicht (II)

Meine Frau kommt an meinen Schreibtisch und will wissen, wann ich endlich fertig sei mit der Selbsterkenntnis. Frage sie, ob sie noch weiß, daß ich es ihr verdanke, beim dritten Anwerbeversuch den Staatssicherheitsmenschen vor der Tür abgewiesen zu haben; weil sie mir angedroht hatte, sich sonst von mir scheiden zu lassen.

»Na, siehst du.«

»Aber dann kam noch einmal so ein Kerl!«

»Den haben wir doch auch weggeschickt.«

»Erst als er zum zweitenmal kam; am 1. Mai übrigens. Wir saßen beim Frühstück im Garten, und du hast derart bedient geguckt, als er fragte, ob wir was beobachtet hätten, da ist er wieder davongezogen in seinen Untersuchungsturnschuhen.«

»Na, siehst du.«

»Doch am Tag vorher habe ich mit ihm geredet. Er hat sich ja als Kriminalkommissar ausgewiesen. Und plötzlich von mir gewollt, die Nachbarin am 1. Mai zu beobachten.«

»Aber da haben wir ihn doch weggeschickt, Mann.«

Leise stehe ich auf von meinem Zerknirschungsstuhl. Leise trete ich an sie heran und benetze ihre Stirn mit einem halben Dutzend jener Feuchtigkeiten, die ich für Küsse halte.

»Nein-ich-nicht.«

Da bin ich aber froh.

47. Utopiefalle (III)

»Fortschrittlich furzen kann jeder, mein lieber Rosenlöcher«, hatte während der Freiberger Abiturzeit der Geschichtslehrer – ein kleiner, glatzköpfiger Kobold und diensthabender Verfolgter des Naziregimes – zu mir gesagt, und diese populäre Abwandlung der 11. Feuerbachthese von Marx hatte in meinem Kopf kräftig nachgewirkt. Und als ich, nach dem Ökonomiestudium, für zwei Jahre im Büro saß und alles falsch addierte, kam ich, bei anschließendem nächtelangen Biertrinken, mit meinem damaligen Freund P. überein, die Partei keinesfalls den Mitläufern überlassen zu dürfen.

Wer einen Antrag stellte, hieß Kandidat der SED.

48. Abnicken

Elternabend, Arbeitsbesprechung, Erfahrungsaustausch, Betriebsgewerkschaftssversammlung ... Das Versammlungswesen ist eines der Hauptunterwerfungsrituale gewesen; und manchem ist wohl selbst heute noch anzusehen, wie oft er sich in seinem Leben versammeln lassen hat. Die Versammlungsräume sind, wie alle öffentlichen Räume, meist überheizt gewesen, da die Heizung niemals abzustellen ging (noch heute brauche ich es ziemlich warm und friere andauernd, wenn ich im Westen bin). Doch nicht nur aus Überwärmungs-, sondern auch aus Feigheitsgründen entstand der Versammlungsschweiß. Der ganze Gewerkschaftskörper sonderte ihn ab. Indem er teils innerlich glaubte, angesichts des geäußerten Schwachsinns doch etwas sagen zu müssen. Und gleichzeitig Angst hatte, hier etwas zu sagen und dabei nicht auf der Linie zu liegen. Kurzum, lieber gar nichts sagte. Sich einzig und allein transpirierend äußerte. Und wenn einer doch was sagte, einen zusätzlichen Schweißausbruch bekam, weil das Ganze nun noch länger dauerte. Und schließlich die Hand einstimmig hob; froh, daß gleich Schluß sein würde; froh, nicht der einzige zu sein, der hier die Hand einstimmig hob. Und voller Scham darüber, auch dieses Mal die Hand einstimmig gehoben zu haben. Abgenickt zu haben, was ohnehin ausgemachte Sache war. Unter der toten Sprache über den Köpfen. Vor den toten Standarten vorn an der Wand. Den leeren Blicken aus dem Präsidium, in denen sich der Versammlungsleib selber ins Auge sah. Und dem Friedhofsefeu an der Rampe. Auch eine Art Vorhölle, in der die Feigherzigen saßen. – Bis es endlich Bockwurst gab und der gemütliche Teil begann. Und wir uns mit Hilfe von Bieren wieder in ich und du verwandeln durften; als hätten wir uns nie in dem durch Zusammenpressung entstehenden Aggregatzustand der Kollektivität befunden.

49. Deodorant

Doch selbst der Feigheitsschweiß deutet noch darauf hin, daß die Unterwerfung nicht vollständig gelang. Opportunismus ein Grundproblem. Denn die meisten hatten schon ein Gefühl dafür, ob sie sich anpaßten oder nicht. Wogegen Anpassung heute eher der persönlichen Freiheit zugerechnet wird, ja, nachgerade ihr Ausdruck zu sein scheint. So ist wohl auch der Westen eine Zustimmungsfalle. Das Poesiealbumheft mit den Kränen hatte ich bald lieber geheimgehalten. Und bin, wenn ich in die gleichfalls furchtbare »Poetensprechstunde« der Zeitung »Junge Welt« geriet, glücklicherweise eher schief angesehen worden: »Willst dich wohl anbieten, was?« – Doch steht heute etwas von mir in einer positivitätstriefenden Glanzzeitschrift, in der du schreiben kannst, was du willst; nicht nur, weil du schreiben kannst, was du willst, sondern weil alles, was du schreibst, im Maklerreklamemirakeln verschwindet – wo war ich stehengeblieben? – Ach so: Steht heute also was von dir in so einer Wischiwaschizeitschrift, findet keiner was dabei, nicht einmal deine Frau. – Ob Goethe dort veröffentlicht hätte? Oder Eichendorff? – Großer Himmel. – Und das Versammlungswesen? Ob heute da im Lügenfall noch Feigheitsschweiß riechbar ist? Ach was. – Sicherlich auch nur noch dieses schon in der Sparkasse anzutreffende Deodorant der Selbstgewißheit: Die Vorhölle der Feigherzigen ist längst vollklimatisiert. Die um sich selber kreisende Fahne ein duftendes Neonlicht. – Nur das ist wie zu Dantes Zeiten: Der Haufen Volks, der ihr nachstürzt, ist von solchem Umfang, daß keiner je gedacht hätte, daß jemals so viele Menschen geboren worden sind.

50. Kleines Gespräch von damals (II)

»Du in der Esehde? – Domas, das gloob ich dir nich!«
»Ich gloobs mir doch selber nich!«

51. Kleines Gespräch von heute

»Für dich ist wohl jeder beschränkt, der wirklich in Freiheit aufgewachsen ist?«
»Nur der, der die wirkliche Freiheit wirklich für die Freiheit hält.«

52. Naives Nicken

Der naive Nicker ist dafür. Und seine Sache eine Gute. »Unsere Sache«, sagt er. So daß er von Schuld gar nichts weiß und ohne Lüge ist. Und ihm das Himmelreich gehörte, wenn er vor lauter Blindheit jemals die Pforte fände.

53. Beziehungsnicken (I)

Will das Benickte nicht hinter sich, sondern zu sich bringen. Besonders häufig in einer Mangelwirtschaft. Doch auch in Überflußzeiten in Blüte: Konnexionsnicken. Die Fähigkeit, mit einem Kaviarbrötchen an der richtigen Stelle zu stehn. In wechselnden Systemen oft von denselben Leuten überzeugend vorgetragen.

54. Beziehungsnicken (II)

Wäre ich damals unter Leuten rein zufällig mit meiner Bockwurst auf den richtigen Mann zugegangen, hätte ich sofort gewußt, daß ich ein Kriecher bin. Stünde ich heute rein zufällig in bedeutender Nähe mit meinem Kaviarbrötchen, fände ich das eher geschickt. Nun wäre der, neben dem ich heute rein zufällig stünde, mit Sicherheit viel weniger der Vertreter eines Staatsapparats mit zwölfbändiger Weltanschauung – kurz, von vornherein eine erfreulichere Erscheinung (Ausnahme: Waffenhändler, Ordnungsminister, Flachaktentaschen). Das heißt, vom Objekt der Anpassung wie auch von den Auswirkungen her ist Opportunismus in dieser Gesellschaft wirklich nicht mal halb so schlimm. Doch der Annäherungsvorgang doch ein ähnlicher, ob nun kaviarbrötchen- oder bockwurstunterstützt. Kein Grund zu Selbstgerechtigkeit.

55. Kleines Gespräch von damals (III)

»Sind Sie in der SED?«

»Nö.«

»Ist hier aber so angegeben.«

»Ach so, in der Esehde? – Ach ja. – Ja doch.«

56. Entschärfendes Nicken

Mit meinem Versuch, durch kritisches Fragen das Mitläuferwesen in der Einheitspartei zu torpedieren, war ich, wen wundert das noch, gleich nach den ersten Anläufen gescheitert. Selbst die für meine Begriffe schärferen Sätze wurden in meinem Fall meist nickend entschärft: »Gut, daß der Genosse auch diese Frage mal anspricht. Gibt es noch weitere Fragen? Ich darf zusammenfassen: Noch nicht immer, Genossen ... aber gerade deshalb.« – Eben, ich habe nur kritisch gefragt; die Toten an der Mauer, so wie es Pflicht gewesen wäre, öffentlich nie erwähnt.

57. Kritisches Nicken (I)

Der kritische Nicker scheint gar nicht zu nicken. Ich bin kritisch, sagt er und kritisiert. Natürlich kritisiert er so, daß auch die Kritik ein Nicken ist. Und gleichzeitig ein Alibi, das ihn sein gleichzeitiges Nicken gar nicht erst bemerken läßt. So daß besonders er keine Probleme mit seiner Vergangenheit hat. War er doch kritisch gewesen wie kaum ein anderer. Kurzum, das kritische Nicken gilt als besonders effektive Form der

58. Nickensgeheimhaltung,

die auch als Mitglieds-Ich-Abspaltung zu beschreiben ist. Wie groß war die Verblüffung, wenn wieder einer als Spitzel entlarvt worden ist: »Ausgerechnet der!« Von der Enttäuschung zu schweigen. Am verblüffendsten aber, wie hartnäkkig derjenige das jeweils abgestritten hat. Hielt wohl das Geheimnis als Geheimnisträger vor sich selbst geheim. Hat als Spitzel gar nicht gewußt, daß er ein Spitzel war. –

Doch hätte ich es zugegeben, wenn ich einer gewesen wäre? Viel Mut würde dazu gehören. Wahrscheinlich noch mehr Mut, als damals »Nein« zu sagen. Wo aber sollte der heute herkommen, wenn er schon damals nicht vorhanden gewesen wäre?

59. Ewiges Nicken. Sonett mit Kommentar

Vierzigstes Jahr

Wer geht, der geht. Das geht noch gut mit mir.
Sprach ich und ging mit schütter wirrem Haare
durch der Fontänen rauschendes Spalier,
gelassen in der Gnade meiner Jahre

die Straße lang, bis ich im Kaufhausfenster,
umringt von Büchsen, wen mit Bart und Bauch
sah, daß ich dachte: Seh ich schon Gespenster,
und höflich nickte. Doch er nickte auch.

Daß ich ihm, der da zuckte, wenn ich ruckte,
denn höflich hatte er noch stets, geschickt
machtlos im rechten Augenblick, genickt,
gradwegs ins feistzufriedne Antlitz spuckte.

Das Glas traf, mich umwand, ging, wieder heiter,
doch der im Spiegel nickte immer weiter.

(ca. 1984)

»Machtlos im rechten Augenblick«: Das ist das Feigheitsnikken. Doch der, der den Nickenden anspuckt, trifft immer nur das Glas. Jede Selbsterkenntnis von vornherein durch Absicht beschädigt. Jede Beichte möchte zumindest Absolution. Oder ein: »Schau-an-wie-ehrlich-ich-bin.« Ach, einfach den Spiegel zuhängen. Doch auch hinter dem verhängten Spiegel wird immer weitergenickt.

60. *Biermann-Verrat*

Daß ich am Leipziger Literaturinstitut, wohin ich mich von meiner vergeblichen Zahlenaddiererei im Büro geflüchtet hatte, schließlich doch noch die Resolution, die Biermanns Ausbürgerung für guthieß, unterschrieben habe, ist gewiß der Tiefpunkt in meiner bisherigen Biographie. – Denn nicht einmal besonders zugesetzt hatten sie mir, nur ganz kurz die Mißbilligungsnasenlöcher meiner Kindheit vorgezeigt – und schon war ich umgekippt. Hatte die renitentere Hälfte meiner Mitstudenten verraten, die nach wie vor nicht unterschrieb, mir aber – das wundert mich noch heute – meinen Verrat nicht allzusehr übelnahm. Das Nasenlöchergremium schien damals selbst überrascht, wie leicht sie mich überredet hatten. Ein kleiner, biographisch freilich längst vorbereiteter Aussetzer im Kopf. Das Mitglieds-Ich hatte gesiegt.

»Ist der Thomas nicht sogar Kandidat der SED?«

Ich nickte. Und paar Wochen später wurde mir mit einem Händedruck jenes entfernt an des Lehrers ovale Nasenlöcher erinnernde Mitgliedsblech überreicht. Damit auch ich mich künftig damit stigmatisiere: »Wo ein Genosse ist, ist die Partei.« Steckte das Bonbon tiefunterst in unsere sogenannte Wertkiste; dorthin, wo auch der Armeeausweis mit der im dritten Weltkrieg unschmelzbaren Blechmarke lag.

61. *Der gescheiterte Deutschlandroman (III)*

Auch ein Grund für das Scheitern des geplanten Selbstzerknirschungsvorhabens: Am Ende ist Anpassung völlig trivial und viel nicht aus ihr ableitbar. Nur mit dem Wort Feigheit lassen sich niemals ganze Romanseiten füllen.

62. *Keine Entschuldigung*

Meiner Frau habe ich gewiß noch immer gesagt, daß es um die Sache ginge, die den Mitläufern nicht überlassen werden dürfe. Aber eigentlich kann ich als Entschuldigung nicht einmal mehr die Utopiefalle anführen. Denn das hatte ich unterdessen ja längst erfahren, daß sich durch kritisches Nicken gar nichts ausrichten ließ. Behielt es zwar weiterhin bei, um die Nickenstatsache vor mir geheimzuhalten, doch ohne Glauben vorgetragen, war das kritische Nicken zum Feigheitsnikken mutiert. Hätte ich die folgende Zeit über sonst so hartnäckig versucht, meine Mitgliedschaft zu vergessen?

63. *Kleines Gespräch von damals (IV)*

»Bist du Mitglied in der SED?«

»Nö, nö.«

»Bloß gut. Ich dachte schon.«

64. *Der Raum des Einverständnisses*

Ging möglichst nur ein ums andere Mal in die Parteiversammlung (Keuchhustenmethode). – Ging ich, kam ich spät, so spät, daß ich den Anwesenden nicht auch noch die Hand schütteln mußte. Denn der Raum, den ich betrat, war der Raum des Einverständnisses. Und das Händeschütteln ein Initiationsritus, mit dem ein jeder jeden erneut in den Kreis der Genossen aufnahm. Ohnehin sind mir die meisten hier (befand mich unterdessen im Dresdner Schriftstellerverband) grundunsympathisch gewesen. Schienen mir oft etwas merkwürdig Krummgezogenes zu haben. Oder, wenn jünger, schon von jener Glätte befallen, die auch heute noch im Managerwesen als Gesichtskrankheit grassiert. – Weiß freilich nicht, ob die Genossen nicht auch in mir etwas Krummgezogenes oder Glattgebügeltes sahen, insofern es womöglich auch zu ihrer Wahrnehmungsmethode gehörte, die anderen unsympathisch zu finden und auf diese Weise nicht ganz dazuzugehören. – Doch während ich mich als Zuspätkommer möglichst unauffällig mit an die lange Tafel setzte, nicht ohne dem Nebenmann doch noch die Hand schütteln zu müssen, und hierauf nebenbei den Kopf hob, ein gewisses Interesse andeutend für die vorn verhandelte Frage der Dialektik von Wahrhaftigkeit und Parteilichkeit im Literaturprozeß – bewegte sich wie in der Kinderzeit, wenn in der Kirche die Orgel einsetzte und der Pfarrer auch etwas sagte, vor dem Fenster das Grün im schweren dunklen Licht auf und nieder; ohne daß ich jemals die Andeutung eines sakralen Schauers verspürte. Und nun schob mir auch noch die Kassiererin das rote Parteibuch mit den Mitgliedsmarken quer über den Tisch entgegen, daß jeder meine Mitgliedschaft sah – vor allem aber ich. Abends viel Bier getrunken, das Mitglied zu ersäufen.

65. Danksagung

Daß die Geheimhaltung meiner Mitgliedschaft mir auf die Dauer mißlang, liegt einfach daran, daß ich – Stephan, Uwe, Wolfgang, Birgit – gute Freunde hatte, die diese Mitgliedschaft mißbilligten.

66. *Null Punkte*

Der Austritt aus der Partei wäre eine Gelegenheit, mir selbst noch im letzten Moment ein paar Mutpunkte anzurechnen. Denn – wenn auch keiner eintreten mußte – der Austritt war ein Grenzübertritt; ein wirkliches Nein. – Hatte also innerlich jahrelang Anlauf genommen und gegenüber Freunden, Bekannten schon Wochen vorher angekündigt, daß der Austritt bevorstünde – um ja nicht im letzten Moment wieder klein beizunicken. Doch was geschah? Fast nichts. Nicht einmal andeutungsweise zeigte mir die Kommission ein Mißbilligungsnasenloch. Räumte auf mein Nein hin ein, selbst auch gescheitert zu sein. Müsse freilich als Genosse gerade deshalb weiterkämpfen. – Und ich? Jahrelang für diese Mutprobe Anlauf genommen und nun durch lauter offene Türen gelaufen. – Spürbar gewachsene Hochachtung, auch unter den noch Angepaßteren. Schon wieder Händedrücken, selbst von ehemaligen Unsympathischkeitsgenossen. Deutlicheres literarisch Wahrgenommenwerden, sogar in diesem Dresden. Stipendium des Verlags, damit ich mein Buch endlich fertig bekäme. Erleichtert, war ich enttäuscht. Hatte mich allmählich wirklich nach etwas Widerstand gesehnt. Um das verdammte Nicken einmal loszuwerden. Und der Kommission zuletzt doch noch versprochen, was sie gar nicht mehr hören wollte: meinen Austritt nicht unbedingt an die große Glocke zu hängen, an der er nun immerhin hing.

67. *Der Mann mit dem Plastehelm*

Das kleine bißchen Mut, 1989 mit auf die Straße gegangen zu sein und damit gerechnet zu haben, mich in einem Lager mit

Kamm und Zahnbürste wiederzufinden, lasse ich mir allerdings nicht einmal von mir selber nehmen. Wie ich, als sei ich in Trance, am 6. Oktober quer durch das Geprügeltwerden lief, an den Spalieren der die Prügelzonen abgrenzenden Bereitschaftspolizisten entlang, um mir Mann für Mann vorzunehmen und mit Blicken gleichsam zu durchbohren und ihn für sein Mitläufertum zu bestrafen: »Mann, daß du dich nicht schämst.« – In der Linken einen Plastehelm, da ich mit dem Moped meines Sohns in die Stadt gekommen war. Wobei mir dieses Helmungetüm die Bewunderung manch eines mir begegnenden Bekannten eintrug, denn das hielten sie für ganz raffiniert, daß ich gleich einen Prügelschutz mit mir führte.

68. Nein, ich nicht

Meine Frau sagt mir, daß ich nun aber aufhören soll, ein für allemal: Totalitär, Nischengesellschaft, Parteiversammlung, Opportunismus; wie ich solchen Müll überhaupt noch in den Mund nehmen könne. Gedichte solle ich schreiben, Gedichte und nochmals Gedichte ... Danach frage der liebe Gott.

Doch was, wenn er im Himmel doch nach der Ostzone fragt? In der es ja die vielen vielen Spitzel gab?

»Ich war keiner, lieber Gott.«

»Bist du dir wirklich sicher?«

»Absolut«, sage ich. »Habe jeden wieder fortgeschickt, der mich dazu machen wollte.«

Eine Ewigkeit schaut er mich an mit seinen Kummeraugen.

Eine Ewigkeit brauche ich, um zu begreifen, wozu es die Ewigkeit überhaupt gibt: Weil ich eine Ewigkeit brauche, um überhaupt zu begreifen: Nicht nur, ob ich ein Spitzel war, zählt vor dem lieben Gott. Ob ich einer hätte gewesen sein können, ist ihm genau so wichtig. – Hätte er mir nicht seine Schutzengel geschickt.

69. Katzenversammlung

Gleich geht der Winter vorbei. Auf dem Stuhl sitzt das Kätzchen, und seine lichtblauen Augen haben schon einen harten Kern. Auch seine Mutter ist da und hat, getreu dem Satz, daß uns Katzen nicht in die Wohnung kommen, sämtliche Onkels und Tanten mit in die Küche gebracht. »Tiere sind ohne Schuld«, denke ich, und alle starren mich an mit ihren harten Brillenaugen, als wollten sie mich schon einmal für die Ewigkeit durchleuchten.

IV.
Schimpfprobe

Die Frage des Dreikäsehochs

»Sind die Westdeutschen böse?«

Das fragte ich mich auch.

Hätte mir dennoch die Frage niemals selber zu stellen gewagt. Mein kleiner Neffe war's. Wir standen vor den Resten meines Vaterhauses, das von der Firma Projekt & Gabler abgerissen worden war.

Zögerte freilich die Antwort hinaus. Unangenehm, wenn sie der Neffe in der Schule dem Lehrer erzählte. Der auch zu denen gehört, die sich früher niemals freuten, wenn ich mich früher negativ über damals zu äußern versuchte, heute aber Negatives über heute sammeln, um weiterhin der Meinung zu sein, daß es früher doch nicht so schlimm gewesen sein kann. – Auch war meine Tochter indessen sogar nach drüben verheiratet. Und was würde mein Schwiegersohn sagen, wenn er hörte, daß ich ihn vor dem Neffen schlechtmachte? Nur weil er ein wenig anders aufgewachsen war? Etwas häufiger okay und dergleichen sagte, was ich allerdings insgeheim mißbilligte?

»Okay, okay«, dachte ich. Auch der Dreikäsehoch ja schon ein Westler, Geburtsort: Beitrittsgebiet. Von vornherein mit jenen Windeln gewindelt, die einem durch Supersaugfähigkeit wenigstens die schärfsten Ausflüsse der Wirklichkeit vom Leibe hielten. – Ja, im Grunde genommen selbst ich ziemlich angewestdeutscht. Hätte ich mich vor zehn, zwanzig Jahren heute überhaupt wiedererkannt? Wenn ich plötzlich auch aus einem Auto mit hinterwärtiger Zufriedenheitsrundung ausstieg? Beiläufig den Hypermarkt betrat? Wie selbstverständlich dahinschritt unter den Leuchtmarmeladen, an weitgeöffneten, frostumhauchten Kästen vorüber.

Um mir, mit knappen, fast konsumverächtlichen Bewegungen meinen Anteil an der Welt aus den Regalen zu reißen. Und alles, aber auch alles unterhalb der Zufriedenheitsrundung meines Wagens verstaute. – Geschüttelt hätte es mich, damals vor zehn, zwanzig Jahren. Wo ich mich doch auch äußerlich verstromlinienförmigt habe: das Haargezottel hinten mit einem Gummiring zum Bravheitsschwänzchen zusammengefaßt. Nur der Bart ist noch seitwärts gesträubt; ein ossisches Erinnerungsstück; halb anarchisch, halb bratkartoffelhaft.

»Sind die Westdeutschen böse?« fragte der Dreikäsehoch.

Schon immer sind sie mir Vorbild gewesen. Selbst ihre Hosen ließ ich mir schicken. Und drang mit diesen Hosen sogar bis ins Schulhaus vor, wo sie mir der Lehrer verbot: »Nietenhosen wollen wir nicht.« Denn lange, ehe der Osten an den Westen fiel, war das Hoseninnere exterritorial. Stak, wer in diesen Röhren stak – ob er auch nach außen hin die blaue Bestätigungsbluse der staatstragenden Jugend trug –, im Inneren der Röhre in einem wandelnden Westsektor. Und unsere Beine swingten im Gehn wie von einer fernen, freiheitlichen Musik. Und die Röhren vermehrten sich und kurvten bald auch im Schulhaus umher. Da resignierte der Lehrer und erklärte die Beine für jugendgemäß. Und versuchte sich auch solche Dinger, obschon nur die lappigen aus hiesiger Produktion, über den Schmerbauch zu ziehen. Nicht ohne uns weiterhin vor dem Westen zu warnen. So daß er seiner Hauptaufgabe, uns immer das Falsche zu lehren, in diesem Ausnahmefall nur ungenügend nachkam. Denn kaum daß wir den Westen hatten, hatte der Westen uns. Fegte das Rotkraut aus den Regalen und besetzte sie mit Ebennochmangelwaren. Und lohnendere Posten gleich mit sich selbst. »Wir können nicht verkennen«, las ich und hätte das selber nie so gesagt, um nicht in den Verdacht zu kommen, mich nach früher zurückzusehnen – »Wir können nicht verkennen«, las ich, »daß wir lediglich unter Gewalt leben. Das ist desto einschneidender, da es von denen kommt, die wir gegen die Gewalt zu Hilfe riefen und die uns jetzt, nachdem sie jene bewältigen geholfen, wie einen besiegten Stamm behandeln, indem sie die wichtigsten Einrichtungen, ohne uns zu fragen, hier über den Haufen werfen und andere nach Gutdünken oktroyieren.« – »Obwohl man«, las ich weiter, zunehmend unangenehm berührt, weil diese Linken immer etwas Übertriebenes haben, etwas Zänkisches im Ton, als glaubten sie sich selber nicht – »Obwohl man«, las ich, wie gesagt, weiter, weil der Schreiber ein Lieblingsschriftsteller von mir ist; Theodor Storm, der eigentlich die Preußen meint, die seinerzeit oben in Husum die Westdeutschen darstellten – »Obwohl man«, las ich also, »sowohl wegen der Art, wie sie das Land gewonnen, als auch, weil wir zum geistigen Leben der Nation ein so großes Kontingent gestellt wie nur irgendein Teil ... alle Ursache von bescheidenem Auftreten bei uns hat, so kommt doch jeder Kerl von dort mit der Miene des kleinen persönlichen Eroberers daher und als müsse er uns erst die höhere Weisheit beibringen ... So eint man Deutschland nicht.«

»Sind die Westdeutschen böse?« fragte der Dreikäsehoch.

Viele drüben wissen ja kaum, daß es uns überhaupt gibt. Haben uns vor längerer Zeit gerade mal im Fernsehn gesehn. So wie sie meistens alles nur im Fernsehn sehn, was auf der Welt geschieht. Und rasch wieder vergessen müssen, weil bald schon wieder was anderes geschieht. So daß es für sie schon eine Gedächtnisleistung ist, wenn sie von uns überhaupt noch was wissen. Nicht einmal die von uns allen als eine Art Erinnerungsgeld zu zahlenden Beitrittskosten können den Akt des Vergessens aufhalten, durch den sie noch einmal ganz für sich zu sein versuchen: das goldene Zeitalter ein wenig auszudehnen, dessen Ende mit unserer Ankunft seinen Anfang genommen hat. Sind wir doch nur die Vorhut gewesen für auch nichts Besseres, als wir mit dem Ruf »Wahnsinn« in das gelobte Land einfielen; in diesen durch ihren Pappcharakter nur notdürftig als harmlos getarnten, fettige Abgasfahnen hinter sich herziehenden, infernalisch rappelnden Kisten – zähnefletschend am Lenkrad hockende apokalyptische Reiter. Die sich vorerst allerdings mit einigen Bananen begnügten. Und ziemlich leicht zu bannen waren, selbst wenn sie sich versehentlich in die Wirklichkeit verirrten – etwa durch den beiläufig hingemurmelten Satz: »Der Osten hat uns noch nie interessiert.«

Noch als ich vor einiger Zeit im Westen eine Sauna besuchte, bezog ich das auf dem Rost herrschende Schweigen sofort auf mich, anstatt mir klarzumachen, daß ich im Sauerland war. Weil ich es nun aber gewohnt bin, daß zu Hause beim Schwitzen manchmal jemand was sagt, wenn auch nur noch übers Geld – flocht ich in das hier herrschende Schweigen die Bemerkung ein, daß ich aus Dresden käme.

Das Schweigen vertiefte sich. Dann aber ein Ächzen, ungläubig, als habe man sich verhört.

»Woher?«

»Aus Dresden!«

Sogar das Ächzen blieb aus. Minutenlang tropfte der Schweiß auf den Rost. Bis eine der Schweißgestalten über mir sich doch noch zu regen begann, um aus Erinnerungstiefen einen Satz hervorzuholen:

»Ja, da hinten hatte ich einmal einen Kriegskameraden.«

»Wo hinten?« fragte ich.

»In Danzig«, sagte er.

Erklärte hierauf meinerseits den deutsch-deutschen Dialog für beendet und verließ schweißbedeckt den Raum der Ignoranz.

»Sind die Westdeutschen böse?« fragte der Dreikäsehoch.

Selbst unter denen, die sich ausdrücklich mit hier beschäftigen, sind mir die richtig rücksichtslosen Westdeutschen fast noch nie begegnet. Obwohl gerade die Westdeutschen dauernd vor diesen Westdeutschen warnen und oft gerade daran als solche erkennbar sind, daß sie vor den Westdeutschen warnen, ja, sich unsereinem oft gleich mit einem Warnruf nähern, was sie auf den Vorbereitungslehrgängen für den Einsatz hier extra geübt haben müssen – auf die Art jedenfalls nun auch zu den Ausnahmefällen gehören, zu den ganz wenigen, denen hier noch zu trauen ist, so daß es hier nur so von Ausnahmefällen wimmelt und im Gewimmel der Ausnahmefälle allmählich der Verdacht aufkommt, daß der sogenannte böse Westdeutsche eine Erfindung der Westdeutschen ist.

Selbst Gabler von Projekt & Gabler war mir sofort sympathisch. Nicht einmal im Schlips kam er; trug immer noch die Bluejeans, mit denen ich einst ins Schulhaus vordrang. Und gab mir gleich zu verstehen, daß es die Philosophie – er drückt sich nun mal so aus –, daß es die Philosophie von Projekt & Gabler sei, wertvolle Bausubstanz zu erhalten und schonend auszubauen. Viel zuviel würde hier weggerissen. Und es sei schon ein Skandal, wie der Westen hier hause, er könne da Namen nennen.

Längst im Schubfach hätten die Herren aus München ihre angeblich ortstypischen Projekte, mit denen sie die Gegend zupflasterten. Schlimmer nur noch die, die das genehmigten. Ob ich tatsächlich Schriftsteller sei; er schriftstellere nämlich auch, habe leider nur viel zuwenig Zeit. Doch wäre hier erst einmal ausreichend Geld verdient, würde er sich vollständig der Schriftstellerei zuwenden, hätte hierfür auch schon etwas in der Toscana im Auge, wo man, nebenbei bemerkt, noch einigermaßen zu leben verstünde.

Freilich, kaum war das Haus verkauft, mußte Gabler feststellen, daß es sich nicht rechnete, die Bude länger stehen zu lassen. Allerdings, so er, habe man ein wirklich gutes Münchner Architekturbüro an der Hand; der geplante Wohnpark gefiele gewiß sogar mir. Was ich von dem Namen »Elbflorenz« hielte? Natürlich hätte meine Familie als Verkäufer das Vorkaufsrecht für die Eigentumswohnungen darin, die für die Lage hier wirklich preiswert wären.

Ich bedankte mich. Zog mich wohl demnächst auch in die Toscana zurück. Ob ich noch weitere Objekte wüßte, die zu erhalten sich lohne?

Erschrocken verneinte ich. Der Mensch hat nur ein Vaterhaus.

»Sind die Westdeutschen böse?« fragte der Dreikäsehoch.

Hatten das Haus ja selber verkauft, weil wir es nicht halten konnten. Und hätten gleich damit rechnen müssen, daß es sich nicht rechnete, wenn wer Projekt & Gabler hieß. Der deshalb nicht gleich böse war, sich eben auch nur nach den Maßgaben seines Systems verhielt. Oder ein wenig darüber hinaus. Ob das das Böse war? Wenn, was sich da rechnen mußte, sich noch etwas mehr rechnen mußte? Zerstörte das die Vaterhäuser? – Zu feig, Gabler selber zu fragen. Auch hatte er gleich wieder quer durch die Luft nach München gemußt. Die sogenannte Weltläufigkeit, die nur ein anderes Wort für Beziehungslosigkeit ist. Und eine Hauptvoraussetzung dafür, die jeweilige Gegend mit links zu nivellieren. Weil ein schlechtes Gewissen nur geschäftsschädigend wäre. Der Weltläufige sich ohnehin bald wieder entfernen darf. Während der Seßhafte sitzen bleibt und die Weltläufigkeit ausbaden muß. Freilich auch ganz zufrieden ist in seiner neuen Wohnung mit Balkon und Autobahnanschluß.

Ostherkunft als Möglichkeit, sich auf Widerständigkeit zu besinnen? Auf das wenige, was zählt und sich doch nicht rechnet? Auf unser einstiges 11. Gebot: Du sollst nicht Karriere machen?

Muß es daher den bösen Westdeutschen geben? Selbst

wenn es ihn gar nicht gibt? Im Gegenbild ein Ich zu bewahren, das es auch nicht mehr gibt? Die Reste eines Anders-geworden-bleiben-wollen-Seins? Durch jahrelange Mangelpraxis und abschließendes Untergangswissen?

Kann sich der Nachteil der Ostherkunft nicht doch noch in einen Vorteil verkehren, wenn es eines Tages auch hier keine Bananen mehr gibt? Und ich mich der Möglichkeit erinnern muß, ohne jede sportliche Absicht zu Fuß um die Ecke zu gehn?

»Sind die Westdeutschen böse?« fragte der Dreikäsehoch.

»Wann hörst du endlich auf, die aus dem Westen Westler zu nennen?« – Der mich das fragte, war mir schon früher im Osten eher westlich vorgekommen: sowohl locker im Umgang als auch etwas selbstbezogen. – »Keine Mauern in den Köpfen« – steckt dahinter wirklich nur der Wunsch, Vorurteile abzubauen? Oder ist damit unbewußt auch nahtlosere Einpassung gemeint? Wogegen Toleranz auf Unterschieden fußen müßte. – Ist doch noch das Beste an diesem Autobahndeutschland: daß es rechts und links der Autobahn jeweils noch etwas anders tönt. Und nun, wo wir ja sonst alles übernehmen, unser spezielles Ostgemurmel bereichernd hinzutreten könnte. Über das Regionale hinaus, infolge anderer Sozialisation. So wie es die Bayern nur gibt, weil es Die Bayern gibt. Ein Spiel unter-, nicht gegeneinander; eine Art Restmythologie, die, Differenzen behauptend, Unterschiede erzählbar macht. Die Vorurteile zu durchheitern und einander endlich so komisch zu finden, wie wir vermutlich sind.

Überall habe sie studiert, hat mir eine Studentin erzählt, doch ob in Stuttgart oder Münster, nirgends sei ihr soviel Ablehnung entgegengekommen wie ausgerechnet hier; nur weil sie aus Westdeutschland käme.

»Sind die Ostdeutschen böse?«

Sah ihr lange in die Augen, in denen ich außer ein wenig Grün wirklich nichts Böses fand.

Daß es immer die Falschen traf, die für die hiesige Provinz eine Bereicherung waren. Unmöglich, den sogenannten bösen Westdeutschen auf Lebewesen anzuwenden. Obwohl er eine Notwendigkeit war.

Wie aber sollte ich das meinem Neffen erklären?

Zögerte und zögerte eine Antwort hinaus.

Als ich vor vielen, vielen Jahren das erste Mal unter die Westdeutschen kam und die 100 Mark Begrüßungsgeld samt einer Flasche Spitalwein richtig empfangen hatte, war ich mit einem geborgten Fahrrad am Bodensee entlanggefahren, derart, daß ich unter mir pragmatisch die Pedale trat und mit dem Oberkörper begeistert Kontakt zu den Zacken der Berge aufnahm, so daß ich erst allmählich merkte, daß mich andauernd wer überholte und ich mich im Inneren eines Fahrradrennens befand; kurz erste Betrachtungen über den hier herrschenden Überholzwang anstellte, ein wohl verinnerlichtes Konkurrenzverhalten, gleichzeitig aber meinerseits auch schon etwas stärker in die Pedale trat, nicht ohne – Kompromißversuch – den Oberkörper weiterhin ausdrücklich den Schneegipfeln entgegenzuhalten, auf welche Weise es mir gelang, gegen einen Pfahl zu fahren.

Bodenseeweites Geschepper, anschließend Stille ringsum. Das Rennen sofort zum Erliegen gekommen. Gute Menschen umstanden mich, hoben das Fahrrad auf, sammelten die Scherben der Spitalweinflasche ein, beugten sich tief über mich:

»Haben Sie sich weh getan?«

»Ob die Westdeutschen böse sind!« rief der Dreikäsehoch vor der Vaterhausruine.

»Nur ein bißchen«, sagte ich.

Die Entdeckung Amerikas

Wenn zwei Kulturen aufeinandertreffen, begegnen sie einander wie im Traum. Die Kariben etwa sahen, auf ihren Bäumen sitzend, die Schiffe des Columbus sich als reine Wunder nähern. Gezählt war das Jahr 1492, von seiten der Spanier, versteht sich, wogegen die Kariben wohl mehr eine Baumrechnung hatten und von ihren Bäumen aus die Wellen zählten. So wie in Ostdeutschland auch eine andere Zeitrechnung herrschte, ehe die Westdeutschen kamen. Die trotz identischer Jahreszahlen, trotz sogenannter Fünfjahrespläne, trotz der Anfeuerungsrufe unserer Häuptlinge (»Vorwärts zum IX. Parteitag!«) – noch am besten beschreibbar ist mit der viel beliebteren Formel: »Das geht seinen sozialistischen Gang« – was auch nichts anderes heißt als: »Komme ich heute nicht, komme ich morgen.«

Auf Bäumen saßen wir nur gelegentlich. Wie aber haben wir als Kinder die Chromschiffe unserer Onkels umstaunt. Und auch die Erwachsenen scheuten sich nicht, hinzuzutreten, um uns beim Staunen behilflich zu sein. Während Onkel und Tante langsam aus ihren Fahrzeugen stiegen und ihrerseits wie benommen zu den bienendurchsummten Linden aufblickten.

Besonders wunderte mich, daß sie auf einer Art Sofa über die Straßen hinfuhren. Wogegen mir vom Onkel mehr nur der Kopf hinter der Windschutzscheibe erinnerlich ist, der, merkwürdig gerundet, wie losgetrennt hinterm Lenkrad herschwebte.

Auch den Ureinwohnern Amerikas kam es anfangs vor allem auf die Fahrzeuge der Ankömmlinge an. Mit sämtlichen Segeln hielten sie die heranschwebenden Schiffe auf ihren

Zeichnungen fest. Die Seile der Takelung, selbst das Steuerrad. Wogegen der Onkel eher schematisch dargestellt ist: wie er da an der Reling steht; der Kopf wie losgelöst, das Auge starr auf das Neuland gerichtet. Und stets noch ein Zusatzgerät mit sich führt. Das Rohr, durch das er schaute, das Rohr, durch das er schoß. Oder die Hängematte, in der er sich zum nächsten Stützpunkt tragen ließ.

Nein, nie haben wir unserem Onkel wirklich ins Herz gesehn. Warfen lieber einen Blick unter die Kühlerhaube. Ins gletscherartige Gleißen seines Ottomotors.

Das Wesen des Onkels war seine Dingverhaftetheit, seine technische Überausstattung. Fast gleichbedeutend mit Verfügungsgewalt. Durch die er für uns zu einem höheren Wesen wurde und für die Indianer zu Gott. Oder zu einem Verstorbenen, direkt aus dem Jenseits herübergesegelt, was auch seine furchtbare Blässe erklärte. Eine Deutung, die für uns erst durch den Unterricht in der Schule hinzukam: Durch die Prophezeiung eines Häuptlings, der, zu Moskau tot aufgebahrt, unverrottbar auf die Erfüllung der eigenen Prophezeiung wartete: ausgerechnet das System, aus dem der Onkel käme, sei verurteilt zum Untergang; faulend, stinkend usw., letztes Stadium. – Kein Wunder, daß unser Onkel den Häuptling namens Lenin nicht mochte.

Auch die Eingeborenen mochten die Onkels bald nur noch teils. Denn – abgesehn vom sonstigen Verhalten – nicht mal richtig barfuß gehn konnten sie, geschweige denn auf Bäume klettern mit ihrem Gerätegerassel.

Wem die Technik zu Verfügung steht, der steht der Technik zur Verfügung. Eine Erkenntnis, die, wenn überhaupt, auch in uns erst spät, viel zu spät heraufgedämmert ist. Ohnehin hat bei uns Bewunderung stets vorgeherrscht, zumindest bis zu unserer eigentlichen Entdeckung, die, nach beiderseitiger Berechnung, erst im Jahre 1989 begann, das Sofaauto unseres Onkels also nur mehr ein Vorbote war.

Wie glaubhaft berichtet wird, ist auch der Onkel den neuen Ländern wie im Traum begegnet. Die Reise zu uns auch für ihn eine Zeitreise gewesen, eine Fahrt in die eigene Kindheit zurück. Was immerhin erklärt, weshalb er nach dem Ausstieg aus seinem schwankenden Gefährt wie benommen um sich schaute: auf die bienendurchsummten Linden, die ungepflasterte Vorstadtstraße, auf der ihm ein Huhn entgegenschritt. Worauf er uns natürlich gern die Kühlerhaube öffnete. Und an Hand des Ottomotors die Entstehung des Fortschritts erklärte. Dessen Zylinder ihn selbst noch nie so beeindruckt hatten wie in dem Moment, als er mit uns den Kopf hinabbeugte und mit unseren Augen die Schläuche und Metalle sah. Staunend, wie wir staunen konnten. Und noch am nächsten Morgen ganz aus dem Häuschen waren, nur wegen seines Rasierapparates. Und stundenlang mit ihm am Kaffeetisch saßen, ohne daß einer aufsprang und von Termindruck sprach. »Gemütlich habt ihr es hier«, sagte er wieder und wieder, und wieder und wieder hat auch Columbus die Schönheit der Inseln beschrieben. Und für seine Majestät das Bild des edlen Wilden entworfen: Zutraulich, bescheiden, leicht zu gewinnen, qualifizierbar, recht nett.

Nackt sind wir nicht gewesen. Doch immer war, was wir trugen, um Jahre hinter der Mode zurück. Und eben weil wir uns sehr bemühten, zeitgemäß angezogen zu sein, bezeichnete unsere Kleidung exakt die zeitliche Mindestdifferenz, die zwischen unseren Kulturen bestand. So daß die abgelegte Bluse meiner Tante bei uns wieder wie neu erschien. Und es mit ihrer Hilfe gelang, meine Mutter zu modernisieren.

Freilich, auch das Motiv der Nackheit kommt vor. Zog doch im Sommer die Hälfte der Bevölkerung gleich an die Ostsee hinauf, wo sie in Zelten lebte und die Nacktheit teils gleich persönlich ausführte. Im Gegensatz zu unserem Onkel, der sie bei sich zu Hause nur mehr in Zeitschriften durchblätterte, großbusig, wie sie war. Noch heute ist auf Hiddensee sichtbar, ob einer von drüben kommt. Strandkörbe vor teureren Häusern aber kaum noch als Indiz tauglich. Westherkunft liegt erst vor, wenn noch die Badekleidung hinzutritt, die auch unter Wasser nicht abgelegt wird. Wogegen der Ostinsulaner im Zwieback seines Hinterns am Strand auf und nieder geht.

Ein Grauen war für Onkel unser Klopapier. Daher hielt er es bei späteren Reisen in die Vergangenheit immer so, daß er sich gleich sein eigenes mitbrachte. Das uns Kindern verboten war, damit es für ihn noch reichte. Probierten es trotzdem heimlich und hielten uns ansonsten an seine Zahnpasta, die auch nicht übel schmeckte.

Das Wesen des Wilden: Geringere Dingverknüpftheit, technische Mangelausstattung. Fast gleichbedeutend mit Arglosigkeit. Denn sicherlich wären wir lieber davongelaufen, anstatt in den Ottomotor zu schauen, hätten wir nur im geringsten geahnt, welche Verwüstungen er in unseren Köpfen anrichten konnte: ein eisiges Wahrbild von Mangelerfahrung.

Harmlos fing es an. Mit einigen Scherben und Perlen, wie bereits Columbus erzählt. Taschenmesser mit Nagelschleife, extra scharfes Sägeblatt: Dinge, die uns natürlich fehlten und uns natürlich zu fehlen begannen. Fast lautlos traten Uhren hinzu, die, ganz von alleine tickend, uns zu jeder Stunde den Mangel an Zeit anzeigten. Bis – Eierkocher, Hüftschoner, Vibrationsgerät – uns zunehmend auch Dinge fehlten, die wir beim besten Willen nicht brauchten.

Was konnte da der Onkel dafür? Im Gegenteil, er fragte sich auch, warum wir uns derartig freuten, wenn er in unsere Straße einbog und nach den Linden sah. – »Die meinen ja gar nicht mich«, dachte er, wenn er seine Sachen auspackte. Und wir sie wie selbstverständlich aus seinen Händen nahmen. Mit der hinzutretenden Nachbarschaft über einem Hula-Hoop-Reifen den Onkel selbst fast vergaßen, der auch gern einmal vorgeführt hätte, was in den alten Ländern ein Hula-Hoop-Hüftschwung war. Nie konnte er genug zu uns herüberschleppen. Bedenklich schwankte sein Chromschiff heran; kaum sitzen konnte die Oma auf ihrem Sofa hinten und mußte unter Koffern hervorgezogen werden. Dennoch ist unser Onkel immer wieder gekommen, in eine Vergangenheit, die ihm selbst immer trostloser wurde. Dafür sei ihm hier ein Denkmal gesetzt.

Die Haltung der Eingeborenen zur Frage des Eigentums fand auch Columbus bedenklich. Wo Geld keine Rolle spielt und es an allem, was es gibt, mangelt, nimmt man sich, was man kriegen kann, nach Möglichkeit gleich so. Noch der Berliner Fernsehturm, mit dem die Osthäuptlinge Kontakt zur Neuzeit herstellen wollten, soll zweimal gebaut worden sein. Indem dieselbe Materialmenge, die vertikal in der Röhre gerann, sich in Form von Eingeborenenhütten horizontal im Umland verteilte. Deshalb hat Columbus, kaum daß er an Land ging, fortwährend Wimpel aufgestellt. Und Dokumente laut vorlesen lassen, die den Eingeborenen von vornherein spanisch vorkamen.

Die Sprache der Wilden ist auch Columbus fremd gewesen. Trotzdem hielt er schriftlich fest, was sie im einzelnen gesagt hatten. Eine Frage des Selbstbewußtseins. Auch Cortez hat, etwas später, beim Pyramidenbesteigen, auf des Montezumas verwunderte Frage, ob er denn niemals müde würde, angestrengt nicht zu keuchen versucht. Positive Selbstdarstellung, ein Haupteroberungsmittel. Das aber auch zu schwerwiegenden Fehleinschätzungen führen kann. Wer Gold sehn will, sieht Gold, und plötzlich ist die Entdeckung ein finanzielles Fiasko gewesen. Worunter auch Columbus litt, vor allem aber das Bild des edlen Wilden selbst: Mißmutig, voller Vorurteile, auf Anweisungen von oben wartend, verstand er auch die neuen, alleinigen Ideen nicht recht.

Der Kannibalismusvorwurf ist uns erspart geblieben. Undenkbar, daß wir auf Bildern wie auf denen des Malers Eckhout vorkämen: mit einem Korb auf dem Rücken, aus dem, wie ein Baguette, ein Arm oder ein Bein als Hauptnahrungsmittel ragt. Nur eine zu ihrer Zeit recht bekannte Schriftstellerin sprach, als Kennerin des Landes, von den großen, ekelerregenden Fleischpaketen, die unsereins aus der Kaufhalle trug. Und schon im entscheidenden Jahr 1989 beschrieb ein anderer Kenner des Landes, wie wir, nach der Absetzung unserer Häuptlinge, eben noch »edlen Blicks ... einer verheißungsvollen Zukunft entgegenzustreben schienen«, nun plötzlich »als Horde von Wütigen ... Rücken an Bauch gedrängt ... mit kannibalischer Lust in den Grabbeltischen, von den westlichen Krämern ... absichtsvoll in den Weg plaziert, wühlten«.

Sind wir so erobert worden? – Nun ja, den Antrag auf soziale Unterstützung lernten sogar wir ausfüllen in unseren neuen Bundesländern, obwohl er uns spanisch vorkam: Wenn schon Eroberung, dann vor vielen vielen Jahren, beim Blick in den Ottomotor.

Das aber mag der wahre Grund sein, warum sich uns die wirklichen Götter niemals wirklich zeigen: aus gütiger Rücksichtnahme. Weil wir sie gar nicht sehen würden und dennoch werden wollten wie sie. Ihr mythisches Klopapier benutzen, in ihrem Sofaauto durch das Weltall schaukeln.

Die Schimpfprobe

I. Abwesenheitssalat

Bekanntlich bedeutet der Verlust der Diktatur auch den Verlust des Traums vom Verlust der Diktatur. Im hiesigen Fall kommt noch ein empfindlicher Verlust an Schimpfgegenständen hinzu.

Beispielsweise konnte es geschehen, daß es unter diktatorischen Zeiten selbst noch Mitte Mai keinen Kopfsalat gab. So daß der Kunde den Gemüseladen mit dem Ruf »Saftladen« verließ. Unter teilnehmendem Verkäufergeschimpf: »Das ist noch geschmeichelt. Ein Saustall ist das hier.« Freilich, den Salat kümmerte das wenig. Zumal er ohnehin abwesend war. In einer Gemüsekiste des vermeintlich volkseigenen Großhandels still vor sich hin schlummerte, ohne je angeliefert zu werden.

Und doch hat der Ruf nach Salat die Salatrufer vereint. Bis nach Wladiwostok hinunter. »Saftladen« den ganzen Laden gemeint, zumal sich der ganze Laden bis nach Wladiwostok hinunter für jeden Salat zuständig fühlte. – Ein enormer Schimpfgehalt. Dabei war die Nachricht nicht einmal neu. Daß Mitte Mai noch immer kein Salat da war, blieb nur ganz wenigen unbekannt. Und doch wurde die Nachricht immer wieder gern gehört. Weil einfach nicht zu begreifen. Und weil sie Schicksalsformel war; vor allem als Ruf- und Fluchformel das eigene Dasein beschrieb. Und darüber hinaus noch eine heimliche revolutionäre Dimension besaß: »Salat für mich, für dich und für alle.«

Wie ist die Lage heute? Der Laden ist eingegangen. Der mitschimpfbereite Verkäufer äußert sich auch nicht mehr. Fährt wie viele hier Müll durch die Gegend. Oder hat Salat auf dem Hänger. Der somit selbstverständlich schon Mitte Mai ausreichend vorrätig ist. Ach, was sage ich: Bereits im tiefsten Winter, wenn du dir an der Eingangshalle noch den Schnee abklopfst, ruft er von den Gemüsealtären herüber: »Ich bin allhier.«

Und wenn du ihn beschimpftest? Vielleicht weil er nie einen Sonnenstrahl sah, geschweige denn ein Hähnekrähn hörte?

Nun, plötzlich zeigt es sich, noch viel schwerer als abwesender Salat ist anwesender Salat zu beschimpfen. Grasgrün unter der Verschönerungslampe: »Junge. Das wissen wir doch.«

Auch das Personal der Einrichtung weiß. Alles weiß das Personal. An diesem fast sakralen Ort, wo die Gesänge dudeln. Und den Glanz hier einen Sauladen zu nennen, wäre wirklich unangemessen. Durchaus ein Sakrileg, vielleicht gar bis nach Wladiwostok hinunter, doch Wladiwostok hört nicht mehr, und Washington hat andere Probleme. – »Salat für dich, für mich und für alle?« – Einfach lächerlich.

Wir haben ja den Salat.

II. Begeisterungskäse

Ob das an meinem deutsch-deutschen Problemgesicht liegt? Wenn ich gelegentlich nach Polen oder Wladiwostok fahre, werde ich jedesmal gefragt, warum ich mich gar nicht freute. So ein Glück wie ich hätte man dort auch einmal haben wollen: Vierzig Jahre lang Westpakete bekommen und zum Schluß auch noch ganz Westdeutschland gratis dazu. »Ich freue mich doch«, sage ich, ehe ich erneut einen Schimpfansatz suche. – Dabei bin ich wirklich einer der ganz wenigen, die sich noch freuen können. Spähe auf der Fahrt nach Westdeutschland noch immer nach der Grenze aus, um, wenn ich ohne weiteres über die Grenze fahre, vor Freude zu erschauern – ja, versuche selbst dann zu erschauern, wenn ich die Grenze schon nicht mehr finde, was gar nicht so einfach ist, weil dann der nächste Wald zur Grenze erklärt werden muß. – Und beim Frühstück, jeden Tag: »Dieser Käse«, rufe ich, obwohl mir gleich wieder entgegnet wird: »Aber das wissen wir doch.« »Dieser Käse«, rufe ich, »Ziege mit Brennessel! Kostet doch mal! Vor 7... 12... 15... 20... Jahren wäre der hier undenkbar gewesen!« – Nein, nein, ich kann mich noch freuen. Darüber freue ich mich.

Nur schimpfen ist erfreulicher. Selbst wenn, siehe Abschnitt I, die Welthaltigkeit des Schimpfens abgenommen hat. Und noch viel mehr als früher ins Leere geschimpft werden muß. Den Schimpfgedanken jeder weiß, weil er ihn schon im Fernsehn sah. Was dem Tiefgang des Schimpfens zusätzlich abträglich ist.

Inwiefern unsereins überhaupt noch zu den denkenden Menschen gehört, läßt sich leicht an der eigenen Küche ablesen.

Wird überhaupt noch geschimpft? Was wird überhaupt noch geschimpft? Haben die »Schnapp-ab-Gespräche« schon überhandgenommen? Gelingt es noch, was ich weiß, nicht zu wissen, weil ich es nie begreifen darf?

Das heutige Fernsehprogramm. Die vorgesehene Menge Beton. Das Waffenerweiterungs-, das Bedürftigenabschiebungsprogramm. – Bis auch das Schimpfen verstummt: vor der laufenden Hungerstatistik. Dem eigenen Sohn vor der Tür, der fremde Stimmen hört und dem du nicht helfen kannst.

III. Eine Tür in den Osten zurück

»Haben Sie das auch gelesen? Von dem Regierungsbeschluß? Daß jeder, der gar zu sehr schimpft, wieder in den Osten muß? Durch eine eigens eingerichtete Tür, dahinter schon ein Gummibaum steht. Und ein Bemützter mit Schäferhund:

›Ihren Personalausweis. DDR-Zollkontrolle!‹«

Bitte, ich sage kein Wort.

Trantute
Ein Weltverbesserungsversuch

Einer der ständigen Sprüche meiner Mutter war: »Thomas, träume nicht.« Denn meist stand ich mehr daneben, wenn es zuzupacken galt. Und wenn ich schon einmal zupackte und ernstlich den Hammer nahm, bogen sich die Nägel wie von selber krumm. Bis ich mir ohnehin auf den Daumen haute.

»Siehst du, das hast du davon. – Geh wenigstens die Zange holen.«

Die Zange holen ging ich gern. Schon weil ich auf diese Weise dem Ort des Gehämmers entkam. Und in der stangendurchragten Schuppendämmerung um so ungestörter in jenen Dämmerzustand verfiel, den man träumen nennt. Und mich einem gewissen Haßmann zuwandt, dem Chef der Haßmannbande. Die unten an den Elbwiesen ihren Stützpunkt hatte. Und einem als Wegezoll auch noch den letzten Kaugummi abnahm. Obwohl gerade Haßmann die meisten Westpakete bekam und den Kaugummi sicherlich zentnerweise im Gebüsch vergrub. – Ich aber nun im Schuppen eine weitverzweigte Organisation zur Haßmannbekämpfung gründete, einen Bund der Gerechten, der vor allem aus mir bestand. Und allenthalben in Kleinzschachwitz für eine gerechtere Kaugummiverteilung sorgte. Unter besonderer Berücksichtigung derjenigen Jungpioniere, die nie in ihrem Leben ein Westpaket bekamen.

»Thomas, träume nicht.«

Ja, ich war ein Weltverbesserer, wenn auch nur im Geräteschuppen. Im Umkreis von Kleinzschachwitz ein Weltrevolutionär. Einer Berufsgruppe zugehörig, die sich, spätestens jetzt, nach dem Zusammenbruch eines ganzen Weltverbesserungsweltsystems, als Weltverschlechterer erwiesen hat. – Und wirklich, wer war eigentlich der Generalsekretär der weitverzweigten Vereinigung, die vor allem aus mir bestand? Natürlich ich. Und wer entschied, welche Kaugummiverteilung die angemessene wäre? Schon wieder ich – auch wenn ich keinen einzigen Zusatzkaugummi für mich beansprucht habe oder mir sonst ein Bonbon an die Jacke heften ließ. Und was am wichtigsten ist, wie wurde denn verfahren mit der Haßmannbande? Hätte Hans-Dieter Haßmann auch nur eine einzige Kugel freiwillig hergegeben, wo es doch Westkaugummi war? Undenkbar, selbst im Traum. Wobei ich doch anmerken möchte, daß ich Karl-May-Leser war. Und als solcher über den berühmten, die Schläfe nur mehr tangierenden Schmetterschlag Old Shatterhands verfügte, der dem Feind die Gelegenheit gab, sich bald wieder aufzurichten und um Mitarbeit an unserer guten Sache zu bitten. – Ja, kaum fängt einer an, die Welt einzurichten, lauert dahinter die Diktatur, wenn auch nur im Elbwiesenrahmen. – Das aber lasse ich mir auch nach dem Zusammenbruch des sogenannten Sozialismus nicht einreden, daß ich besser von vornherein auf Hans-Dieter Haßmanns Seite gewesen wäre. Bei denen, die allen Kaugummi für sich allein haben wollen.

»Die Zange sollst du holen, und nicht die Säge, Massel!«

Verheiratet bin ich ganz gut. Im Zug der Emanzipation hat meine Frau die meisten handwerklichen Dinge gleich selber übernommen, so daß ich von vornherein mehr nur danebenstehe, wenn es gilt, zuzufassen. Und manchmal vorsichtig frage, ob ich was helfen kann.

»Lieber nicht«, sagt meine Frau. »Höchstens den Hammer holen.«

Den Hammer holen gehe ich gern. Da ich mich auf diese Weise vom Ort des Gesäges entferne. Und unter dem Beifußbündel in der Schuppendämmerung um so ungestörter in jenen Dämmerzustand verfalle, den ich als Denken bezeichne.

Hab immerhin eine Rede zu halten, im Dresdner Staatstheater, auch wenn es nur eine Vorrede ist. Und hätte gern wieder einmal was Träumerisches gesagt, oder gar Aufrührerisches. Über Kleinzschachwitz hinaus, das übrigens langsam untergeht. Bullaugenresidenzen für Besserverdienende. – Ja, was ist noch zu sagen, in dieser nüchternen Zeit? Habe selber erst telefoniert und versucht, mein Honorar ein Stück hochzuhandeln, ehe ich geistig überhaupt in der Lage war, hier diesen Gedankenschuppen zu betreten. – Westprofessor im Osten, das wär's, aber nicht Weltverbesserer. – In der herrschenden Alternativlosigkeit, die wir gehalten sind, Freiheit zu nennen. – Der jetzige Bundeskanzler – oder ist es der letzte gewesen, ich habe mich des längeren nicht mehr um ihn gekümmert –, der Bundeskanzler also hat, nach den Intellektuellen befragt, gesagt, daß die ihn nun wirklich nicht kümmern. – Wahrscheinlich hat er gar nicht gemerkt, daß die meisten von uns längst auf seiner Seite sind, auf der der Bestätiger. Und nur noch aus Gewohnheit ein wenig kritisch-ironisch dreinschauen. Weil es uns wohl nie wieder so gut gehn wird wie jetzt. Wer sollte da was ändern wollen? Auch wenn, nur ein Beispiel zu nennen, die Autos der jeweils anderen unsere Städte auffressen. Und es der Autoindustrie gelingt, unter Inanspruchnahme sämtlicher technischer Mittel, auch weiterhin möglichst himmelsvergiftende Auspuffrohre in die Welt zu setzen. So daß schon gefragt werden muß, ob Wirtschaft und Wirtschaftsverbrechen nicht doch Synonyme sind. –

»Thomas, träume nicht.«

Die Aufklärung ist gescheitert. Nein, keine Zustimmung, bitte. Das steht jeden Tag in der Zeitung. Was aber jeden Tag in der Zeitung steht, war noch nie ganz richtig. Da können wir ja gleich den Fernseher einschalten und uns den leuchtend-geklonten, bonbonfarbenen Monstern zuwenden, die Gottschalk oder Haßmann heißen.

Wenn aber nun die Daseinsform der Aufklärung das Scheitern ist? Und sie gerade ihr Scheitern immer wieder notwendig macht? – Utopien sind unerrreichbar. Und wollen doch erreicht werden, wozu werden sie sonst gedacht? Die Spannung zwischen beiden Sätzen – vielleicht eine Möglichkeit, sich wenigstens offenzuhalten, Die jetzige Alternativlosigkeit nicht auch noch für selbstverständlich zu nehmen. – Jahrzehntelang hat der Traum vom richtigen Sozialismus den falschen verlängern geholfen. Uns am Ende aber immerhin den Westen gebracht, und das ist ja auch was, nicht wahr? Solange hier die Kaugummiverteilung noch einigermaßen klappt. Und hätte ich nichts erst erträumt, wäre es nie so ein Wunder gewesen, daß unsereins urplötzlich dem Betoncharakter des Ostkaugummis entkam.

»Thomas, träume nicht!«

Irgendwer ruft mich dauernd. Vermutlich meine Frau. Oder der derzeitige Oberbürgermeister? Er könne keine Träumer gebrauchen, hat er erklärt. In dieser Stadt, die jetzt rasch belebt werden müsse. – Nachdem wie in allen anderen Städten vor der Stadt jene Riesenverkaufscontainer aufgestellt worden sind, in denen dieselben Leute verschwinden, deren vornehmste Aufgabe es wäre, mit ihren Kindeskindern das Stadtbild zu beleben. Die Thälmannstraße etwa, die zu unrecht umbenannt worden ist, da sie noch ganz genauso aussieht wie die Thälmannstraße. Und ob die weltweit übliche Büro-, Bank- und Klotzbauweise sowie der speziell geplante, verkehrsverdichtende Elbüberquerungsbeton tatsächlich die Stadt belebt? Die ja nun wirklich schon genügend zerstört worden ist. Und die wiederaufzubauen hieße, die einstige Balance zwischen Landschaft und Architektur auf neue Art zu erneuern. Ja, ja, auch nur Utopie. Vielleicht sollten wir dieses Dresden einfach umbenennen: In Wanne-Eickel etwa. Um endlich unsere Ruhe zu haben. Um endlich zu vergessen, daß diese Stadt einmal die schönste Stadt Deutschlands war. So daß hier eben nicht genügt, was anderswo üblich ist. Es wenigstens hier einmal, wenigstens da und dort, oder zumindest noch in Gedanken, auf Außerordentliches ankäme. – Ich bin ein Träumer, Herr Bürgermeister. Soll ich die Stadt verlassen? – Freilich, das Schloß, die Frauenkirche... Da gelingt es schon, das Außerordentliche... auf restaurativem Gebiet. Allerdings weiß ich nicht, ob der Wiederaufbau der Frauenkirche den Untergang von Kleinzschachwitz aufwiegt. Zumal dieses Kleinzschachwitz nicht nur in Kleinzschachwitz liegt, sondern überall an den Rändern.

»Thomas, träume nicht.«

Das ist nun wohl doch meine Frau. Und keine Aussicht hier im Schuppen, in diesem strickverfitzten, reißzweckengespickten Schubladengewölle, je das gewünschte Werkzeug zu finden. – Wo war ich stehengeblieben? Ach ja, beim Weltverbessern. Das vielleicht nur noch ein Weltretten sein kann. – So daß Utopie nun heißt, daß es in Zukunft überhaupt noch eine Gegenwart gibt. Überschreitendes Handeln dann aber erst recht erforderlich wäre. – So sollte der Herr Bundeskanzler wenigstens einmal im Jahr – mir schwebt da Pfingsten vor – aus seinem Bundeskanzleramt vortreten und Himmel und Erde nachdrücklich dafür um Entschuldigung bitten, was wir ihnen dieses Jahr wieder angetan haben. Und auf einem Bundesaltar einen Scheck hinterlegen. Da Staaten selbstverständlich besteuert werden müssen, wie andere juristische Personen auch. Progressiv, je nach Einkommen, für den jeweiligen Weltverbrauch. Damit unsere Gläubiger etwas abbekommen von dem, was ihnen ohnehin zusteht. Eine Art Weltrettungsfonds.

Das meine ich ernst.

»Thomas, träume nicht.«

»Den Hammer sollst du bringen und nicht die Zange, Mann!«

V.

Ein Nachtrag zur Schimpfkultur

Die Straßenbahnfahrt

Die Straßenbahn hielt mitten auf der Strecke. Der Fahrer nahm seine Aktentasche und ging zu den Blocks hinüber, wo er verschwand.

»Das ist ja heiter«, sagte die Frau in Schwarz. In der Tat konnte man nur hoffen, daß die Ablösung bald käme.

Über dem Warten wurde es still in der Bahn. Das Kind hatte sein Gesicht an die Fensterscheiben gelegt und erklärte der Mutter, was es draußen sah. Hin und wieder hüstelte oder scharrte ein Fahrgast, und beinahe jeder spürte, wie dicht man beieinandersaß.

Der Invalide blickte in Richtung Fahrt. Der reglose junge Mann starrte auf die Disteln neben dem Gleis. Die Nachmittagssonne legte ihm die Hand aufs Gesicht, daß ihn fror.

»Warum fährt die Bahn nicht weiter?« fragte das Kind. Es entstand eine kleine verlegene Pause, während der das Hüsteln und Scharren unterblieb. Der Mann mit dem Abzeichen ließ die Zeitung sinken. »Die Bahn fährt nicht, das ist nicht in Ordnung«, dachte er und las weiter.

»Gleich«, sagte die Mutter.

Draußen hatte der Feierabend begonnen. Kleine Jungs verschanzten sich hinter Erdhügeln und liegengebliebenen Rohren. Frauen mit Kinderwagen kamen, und manches der Kinder hatte in der Hand ein Fähnchen, so daß auch das Kind in der Straßenbahn ein Fähnchen haben wollte.

Noch immer ließ die Ablösung auf sich warten.

»Das kann Stunden dauern«, sagte die Frau in Schwarz und sah sich nach Beifall um.

Der Mann mit dem Abzeichen las noch einmal von vorn. Der Invalide blickte in Richtung Fahrt. Ab und an ließ er seine Zunge ein Stück hervorschauen und zog sie rasch wieder zurück. »Komm«, sagte der reglose junge Mann und berührte in Gedanken eine Strähne ihres Haars.

»Wenn du brav bist«, sagte die Mutter. Eine Wolkenwand zog auf. Auch der Geduldigste mußte sich nun eingestehen, daß die Ablösung in einem unglaublichen Maß auf sich warten ließ. Schon machte ein Fahrgast Anstalten auszusteigen, aber die Wolkenwand war nicht umsonst heraufgezogen; turmhoher Staub tanzte an der Straßenbahn vorüber. Dann verschwanden die Häuserblocks im Regen und ließen die Bahn zurück in einer Welt aus klopfendem Herabrinnen, das in stetiges Rauschen überging und jegliches Hüsteln und Scharren in sich aufnahm. So konnten die Fahrgäste für ihr schützendes Dach nur dankbar sein. Trotzdem schimpfte die Frau in Schwarz leise vor sich hin. Damit das Kind nicht weinte, durfte es Fingerlutschen. Der Mann mit dem Abzeichen machte sich Notizen an den Rand der Zeitung, aber die allgemeine Düsternis legte sich zwischen die Zeilen der Zeitung und ergab einen neuen und unbekannten Sinn. Der reglose junge Mann sah die Disteln neben dem Gleis als ein sich auf und nieder bewegendes Regenkraut. »Ich habe die ganze Zeit über an dich gedacht«, sagte er und nahm ihr Gesicht zwischen die Hände, so daß es ganz klein wurde und ein bißchen wie verknautscht.

Der Regen hatte sich vollends eingeregnet. Schon zeigten einige Fahrgäste ihre Entschlossenheit auszusteigen, falls die Ablösung nicht bald käme. Andere holten ihre Brotbüchsen hervor. Auch der Mann mit dem Abzeichen machte eine Pause und aß. Die Frau in Schwarz streichelte ihren Koffer und dachte an Hamburg und Wien.

Jemand suchte seinen Fahrschein.

Hinter den regenüberfluteten Scheiben wurde die Gestalt eines Mannes in Straßenbahnermütze sichtbar. Er kam rasch näher, machte sich aber vorerst an einer Weiche zu schaffen, ehe er verschwand.

»Hier ist was los«, sagte die Frau in Schwarz. Allmählich kamen die Häuserblocks wieder zum Vorschein. Man griff zu den Schirmen. Ein Fahrgast, der es besonders eilig hatte, rüttelte an der Vordertür. Nach vergeblichen Einzelaktionen rüttelten sie gemeinsam und behinderten sich gegenseitig. In dem nun folgenden Straßenbahngezeter riß die Frau in Schwarz die Führung an sich. Einzelne Frauen flatterten auf und fielen nach vergeblichen Rüttelversuchen wieder von den Türen ab, während andere Fahrgäste von vornherein sitzen geblieben waren, um sich nicht unnötig zu blamieren.

»Diese Türen klemmen oft«, erklärte jemand.

»Was klemmt hier nicht«, sagte die Frau in Schwarz und blickte zu dem Mann mit dem Abzeichen hinüber.

Ein älterer Herr stieß erbittert mit dem Fuß gegen die Tür.

»Lassen Sie die Bahn ganz«, sagte jemand.

»Was macht der Onkel?« fragte das Kind.

»Was soll er machen«, sagte die Mutter.

Alle hatten wieder Platz genommen. Ewig konnten sie einen ja nicht auf diesem Gleis herumstehen lassen. Der Regen hatte aufgehört. Die Bauplatzerde dampfte. Hin und wieder hielt ein Heimkehrerauto vor den Blocks.

Noch einmal schien die Sonne und faßte jeden einzelnen Fahrgast in schweres Gold. »Keiner wartet auf mich«, dachte der Mann mit dem Abzeichen. Der reglose junge Mann schaute auf die blütenstarrenden Disteln, und es fror ihn erneut. Das Kind weinte. Der Invalide steckte die Zunge heraus und bog ihre Spitze nach oben, aber das Kind weinte noch mehr. Da nahm der Invalide die Zunge wieder zurück und blickte weiter in Richtung Fahrt. Der reglose junge Mann lächelte, weil ihr Mund feuchte Tupfer auf seinem Hals machte. Wie hatte er es nur so lange in dieser Straßenbahn aushalten können. »Zirkus Muratti«, murmelte der Invalide und ließ seine Zunge über die Nasenspitze emporkriechen, bis das Kind zu weinen aufhörte und ihm endlich zuschaute. Der reglose junge Mann schloß die Augen. Es gelang ihm, zu erschrecken, weil sie nackt war.

»Jetzt bist du lieb«, sagte die Mutter.

Quer durch das Gelände kam ein Dispatcherwagen.

Die Fahrgäste standen auf. Um so größer ihre Enttäuschung, als das Auto um die Bahn einen Bogen machte. Schließlich hielt es aber doch längsseits. Seine Insassen kurbelten die Scheiben herunter und blickten zu den Fahrgästen empor.

»Wird's bald«, sagte die Frau in Schwarz.

Dann fuhr das Auto ab.

Ein geschlossener Schrei war die Antwort. Auch der Mann mit dem Abzeichen beteiligte sich in einem kaum vertretbaren Maße an der Empörung der anderen.

»Man holt nur Unterstützung«, erklärte jemand.

Zwischen den Blocks ging die Sonne unter.

Das Kind bekam von der Mutter eine Waffel und schenkte sie dem Invaliden. Der Invalide legte die Waffel auf seine Zunge und ließ die Zunge samt Waffel im Mund verschwinden. Nun mußte der Dispatcher die zuständigen Stellen aber benachrichtigt haben.

Ein Bus hielt im abendlichen Gelände. Die Straßenbahnfahrgäste winkten. Der Mann mit dem Abzeichen schwenkte die Zeitung mehrmals über dem Kopf. Jemand schrie um Hilfe, und tatsächlich wandten die Leute aus dem Bus sich im Davongehen um und winkten den winkenden Fahrgästen zu.

»Alles Verbrecher«, sagte die Frau in Schwarz.

»Papa«, sagte das Kind und deutete auf den Invaliden.

In den Fenstern zeigten sich die ersten Lichter. Der reglose junge Mann schaute nach den Disteln neben dem Gleis, die schon zu einem undeutlichen Nachtkraut geworden waren.

»Ich verlasse dich nie wieder«, flüsterte er.

»Aber warum hast du die Scheiben nicht gleich eingeschlagen?« fragte sie.

»Habe ich doch«, sagte er.

»Unsinn«, sagte die Mutter.

Die Blocks standen wie riesige Schiffe in der Finsternis. Ab und an schlitterte jemand mit der Stirn an der Scheibe entlang. In der Stille hörte man das Kind atmen. Der Invalide schlang sich ein Bein von vorn nach hinten um den Hals. »Zirkus Muratti«, sagte er.

»Ich sage nichts mehr«, sagte die Frau in Schwarz.

In den Blocks brach das Licht zusammen. Die Bahn fuhr an und zuckelte fort in ein tiefes, gleichmäßiges Dunkel. Hinaus in die Nacht, so daß die Insassen schon bald im Sternbild der Straßenbahnen standen.

40 Jahre edition suhrkamp
Das Jubiläumsprogramm

Kleine Geschichte der edition suhrkamp. Redaktion Raimund Fellinger. Mit Abbildungen. Sonderdruck edition suhrkamp. 96 Seiten

15 neue Bände ...

Giorgio Agamben. Das Offene. Der Mensch und das Tier. Aus dem Italienischen von Stefan Monhardt. es 2441. 120 Seiten

Juri Andruchowytsch. Das letzte Territorium. Essays. Aus dem Ukrainischen von Alois Woldan. es 2446. 150 Seiten

Zygmunt Bauman. Flüchtige Moderne. Aus dem Englischen von Reinhard Kreissl. es 2447. 280 Seiten

Ulla Berkéwicz. Hanauer Gefühle. Ein Essay. es 2445. 90 Seiten

László Darvasi. Eine Frau besorgen. Kriegsgeschichten. Aus dem Ungarischen von Terézia Mora und Agnes Relle. es 2448. 200 Seiten

Jacques Derrida. Die Stimme und das Phänomen. Einführung in das Problem des Zeichens in der Phänomenologie Husserls. Aus dem Französischen von Hans-Dieter Gondek. es 2440. 120 Seiten

Hans Magnus Enzensberger. Nomaden im Regal. Essays. es 2443. 150 Seiten

NF342/1/02.03

Samuel Beckett. Warten auf Godot. En attendant Godot. Waiting for Godot. Deutsche Übertragung von Elmar Tophoven. es 2419. 245 Seiten

Walter Benjamin. Das Kunstwerk im Zeitalter seiner technischen Reproduzierbarkeit. Drei Studien zur Kunstsoziologie. es 2424. 169 Seiten

Thomas Bernhard. Amras. es 2421. 99 Seiten

Silvia Bovenschen. Die imaginierte Weiblichkeit. es 2431. 280 Seiten

Judith Butler. Das Unbehagen der Geschlechter. Aus dem Amerikanischen von Kathrina Menke. es 2433. 237 Seiten

Norbert Gstrein. Einer. Erzählung. es 2423. 118 Seiten

Peter Handke. Die Innenwelt der Außenwelt der Innenwelt. es 2422. 152 Seiten

Uwe Johnson. Begleitumstände. Frankfurter Vorlesungen. es 2426. 454 Seiten

Thomas Rosenlöcher. Ostgezeter. Beiträge zur Schimpfkultur. es 2428. 179 Seiten

Peter Sloterdijk. Kritik der zynischen Vernunft. es 2427. 960 Seiten

Peter Weiss. Abschied von den Eltern. Erzählung. es 2420. 146 Seiten

Ludwig Wittgenstein. Tractatus logico-philosophicus. Textkritisch revidierte Ausgabe. es 2429. 120 Seiten

NF342/3/02.03

Neue deutschsprachige Literatur in der edition suhrkamp Eine Auswahl

Kurt Aebli
- Küß mich einmal ordentlich. Prosa. es 1618. 106 Seiten
- Mein Arkadien. Prosa. es 1885. 115 Seiten
- Die Uhr. Gedichte. es 2186. 90 Seiten

Paul Brodowsky
- Milch Holz Katzen. es 2267. 72 Seiten

Gion M. Cavelty
- Ad absurdum oder Eine Reise ins Buchlabyrinth. es 2031. 110 Seiten
- Quifezit oder Eine Reise im Geigenkoffer. es 2001. 106 Seiten
- Tabula rasa oder Eine Reise ins Reich des Irrsinns. es 2076. 107 Seiten

Esther Dischereit
- Joëmis Tisch. Eine jüdische Geschichte. es 1492. 122 Seiten
- Übungen, jüdisch zu sein. Aufsätze. es 2067. 150 Seiten

Dirk Dobbrow
- Late Night. Legoland. Stücke und Materialien. es 3403. 204 Seiten
- Der Mann der Polizistin. Roman. es 2237. 190 Seiten

Kurt Drawert
- Alles ist einfach. Stück in sieben Szenen. es 1951. 116 Seiten
- Haus ohne Menschen. Zeitmitschriften. es 1831. 120 Seiten
- Privateigentum. Gedichte. es 1584. 138 Seiten
- Rückseiten der Herrlichkeit. Texte und Kontexte. es 2211. 256 Seiten

NF 313/1/2.02

- Spiegelland. Ein deutscher Monolog. es 1715. 157 Seiten
- Steinzeit. es 2151. 160 Seiten

Kurt Drawert (Hg.)
- Das Jahr 2000 findet statt. Schriftsteller im Zeitenwechsel. es 2136. 280 Seiten

Oswald Egger
- Herde der Rede. Poem. es 2109. 380 Seiten
- Nichts, das ist. Gedichte. es 2269. 160 Seiten

Werner Fritsch
- Aller Seelen. Golgatha. Stücke und Materialien. es 3402. 200 Seiten
- Es gibt keine Sünde im Süden des Herzens. Stücke. es 2117. 302 Seiten
- Fleischwolf. Gefecht. es 1650. 112 Seiten
- Die lustigen Weiber von Wiesau. Stück und Materialien. es 3400. 189 Seiten
- Steinbruch. es 1554. 53 Seiten

Rainald Goetz
- Celebration. Texte und Bilder zur Nacht. es 2118. 286 Seiten
- Hirn/Krieg. es 1320. 508 Seiten
- Kronos. Berichte. es 1795. 401 Seiten

Durs Grünbein
- Grauzone morgens. Gedichte. es 1507. 93 Seiten

Norbert Gstrein
- Anderntags. Erzählung. es 1625. 116 Seiten
- Einer. Erzählung. es 1483. 118 Seiten

Katharina Hacker
- Morpheus oder Der Schnabelschuh. es 2092. 126 Seiten

NF 313/2/2.02

- Tel Aviv. Eine Stadterzählung. es 2008. 145 Seiten

Johannes Jansen
- heimat ... abgang ... mehr geht nicht. ansätze. mit zeichnungen von norman lindner. es 1932. 116 Seiten
- Reisswolf. Aufzeichnungen. es 1693. 67 Seiten
- Splittergraben. Aufzeichnungen II. Mit zahlreichen Abbildungen. es 1873. 116 Seiten
- Verfeinerung der Einzelheiten. Erzählung. es 2223. 112 Seiten

Barbara Köhler
- Deutsches Roulette. Gedichte. es 1642. 85 Seiten
- Wittgensteins Nichte. vermischte schriften / mixed media. es 2153. 175 Seiten

Uwe Kolbe
- Abschiede. Und andere Liebesgedichte. es 1178. 82 Seiten
- Hineingeboren. Gedichte. 1975-1979. es 1110. 137 Seiten

Ute-Christine Krupp
- Alle reden davon. Roman. es 2235. 140 Seiten
- Greenwichprosa. es 2029. 102 Seiten

Ute-Christine Krupp/Ulrike Janssen (Hg.)
- »Zuerst bin ich immer Leser«. Prosa schreiben heute. es 2201. 100 Seiten

Christian Lehnert
- Der Augen Aufgang. Gedichte. es 2101. 112 Seiten
- Der gefesselte Sänger. Gedichte. es 2028. 92 Seiten

Jo Lendle
- Unter Mardern. es 2111. 99 Seiten

Thomas Meinecke
- The Church of John F. Kennedy. Roman. es 1997. 245 Seiten

Bodo Morshäuser
- Hauptsache Deutsch. es 1626. 205 Seiten
- Revolver. Vier Erzählungen. es 1465. 140 Seiten
- Warten auf den Führer. es 1879. 142 Seiten

José F. A. Oliver
- fernlautmetz. Gedichte. es 2212. 80 Seiten

Albert Ostermaier
- Death Valley Junction. Stücke und Materialien. es 3401. 111 Seiten
- Erreger. Es ist Zeit. Abriss. Stücke und Materialien. es 3421. 111 Seiten
- fremdkörper hautnah. Gedichte. es 2032. 100 Seiten
- Herz Vers Sagen. Gedichte. es 1950. 73 Seiten
- Letzter Aufruf. 99 Grad. Katakomben. Stücke und Materialien. es 3417. 150 Seiten
- The Making Of. Radio Noir. Stücke. es 2130. 192 Seiten

Doron Rabinovici
- Credo und Credit. Einmischungen. es 2216. 160 Seiten
- Österreich. Berichte aus Quarantanien. Herausgegeben von Isolde Charim und Doron Rabinovici. es 2184. 172 Seiten
- Papirnik. Stories. es 1889. 134 Seiten

Ilma Rakusa
- Love after Love. Gedichte. es 2251. 68 Seiten

Patrick Roth
- Ins Tal der Schatten. Frankfurter Poetikvorlesungen. es 2277. 120 Seiten

NF 313/4/2.02

Lutz Seiler
- pech & blende. Gedichte. es 2161. 90 Seiten

Silke Scheuermann
- Der Tag, an dem die Möwen zweistimmig sangen. Gedichte. es 2239. 90 Seiten

Christoph Schlingensief
- Schlingensiefs »Ausländer raus!« Bitte liebt Österreich. Herausgegeben von Matthias Lilienthal und Claus Philipp. es 2210. 272 Seiten
- Christoph Schlingensiefs ›Nazis rein‹. Herausgegeben von Thekla Heineke und Sandra Umathum. es 2296. 328 Seiten

Hans-Ulrich Treichel
- Der einzige Gast. Gedichte. es 1904. 71 Seiten
- Der Entwurf des Autors. Frankfurter Poetikvorlesungen. es 2193. 117 Seiten
- Liebe Not. Gedichte. es 1373. 79 Seiten
- Über die Schrift hinaus. Essays zur Literatur. es 2144. 241 Seiten

Jamal Tuschick
- Kattenbeat. Roman in drei Stücken. es 2234. 180 Seiten
- Keine große Geschichte. Roman. es 2166. 200 Seiten

Christian Uetz
- Don San Juan. es 2263. 80 Seiten

Anne Weber
- Ida erfindet das Schießpulver. es 2108. 120 Seiten

NF 313/5/2.02

Suhrkamp BasisBibliothek
Text und Kommentar in einem Band

»Die Suhrkamp BasisBibliothek hat sich längst einen Namen gemacht. Als ›Arbeitstexte für Schule und Studium‹ präsentiert der Suhrkamp Verlag diese Zusammenarbeit mit dem Schulbuchverlag Cornelsen. Doch nicht nur prüfungsgepeinigte Proseminaristen treibt es in die Arme der vielschichtig angelegten Didaktik, mit der diese unprätentiösen Bändchen aufwarten. Auch Lehrer und Liebhaber vertrauen sich gerne den jeweiligen Kommentatoren an, zumal die Bände mit erschöpfenden Hintergrundinformationen, Zeittafeln, Entstehungsgeschichten, Rezeptionsgeschichten, Erklärungsmodellen, Interpretationsskizzen, Wort- und Sacherläuterungen und Literaturhinweisen gespickt sind.«
Frankfurter Allgemeine Zeitung

Jurek Becker. Jakob der Lügner. Kommentar: Thomas Kraft. SBB 15. 351 Seiten

Thomas Bernhard. Erzählungen. Kommentar: Hans Höller. SBB 23. 171 Seiten

Bertolt Brecht. Leben des Galilei. Kommentar: Dieter Wöhrle. SBB 1. 191 Seiten

Bertolt Brecht. Mutter Courage und ihre Kinder. Kommentar: Wolfgang Jeske. SBB 11. 185 Seiten

Georg Büchner. Lenz. Kommentar: Burghard Dedner. SBB 4. 155 Seiten

NF 279/1/1.02

Adelbert von Chamisso. Peter Schlemihls wundersame Geschichte. Kommentar: Thomas Bitz und Lutz Hagestedt. SBB 37. 130 Seiten

Annette von Droste-Hülshoff. Die Judenbuche. Kommentar: Christian Begemann. SBB 14. 136 Seiten

Max Frisch. Andorra. Kommentar: Peter Michalzik. SBB 8. 180 Seiten

Max Frisch. Biedermann und die Brandstifter. Kommentar: Heribert Kuhn. SBB 24. 142 Seiten

Max Frisch. Homo faber. Kommentar: Walter Schmitz. SBB 3. 301 Seiten

Max Frisch. Wilhelm Tell für die Schule. Kommentar: Walter Obschlager. SBB 29. 150 Seiten

Johann Wolfgang Goethe. Götz von Berlichingen. Kommentar: Wilhelm Große. SBB 27. 243 Seiten

Johann Wolfgang Goethe. Die Leiden des jungen Werthers. Kommentar: Wilhelm Große. SBB 5. 222 Seiten

Grimms Märchen. Kommentar: Heinz Rölleke. SBB 6. 136 Seiten

Hermann Hesse. Demian. Kommentar: Heribert Kuhn. SBB 16. 233 Seiten

Hermann Hesse. Siddhartha. Kommentar: Heribert Kuhn. SBB 2. 192 Seiten

NF 279/2/1.02